牡丹江师范学院教育教改项目,编号:16－JG18082;牡丹江师范学院教育教改项目,编号:16－JG18069;牡丹江师范学院横向课题:出国人员外语翻译应用与研究。

第二语言习得与外语教学研究

董　娟　柴冒臣　关茗竺　著

吉林大学出版社

图书在版编目(CIP)数据

第二语言习得与外语教学研究／董娟，柴冒臣，关
茗竺著. — 长春：吉林大学出版社，2017.6
ISBN 978 - 7 - 5692 - 0658 - 6

Ⅰ.①第… Ⅱ.①董… ②柴… ③关… Ⅲ.①第二语
言 - 外语教学 - 教学研究 Ⅳ.①H09

中国版本图书馆 CIP 数据核字(2017)第 195162 号

书　　名　第二语言习得与外语教学研究
　　　　　DIER YUYAN XIDE YU WAIYU JIAOXUE YANJIU

作　　者　董　娟　柴冒臣　关茗竺　著
策划编辑　朱　进
责任编辑　朱　进
责任校对　朱　进　富　饶
装帧设计　美印图文
出版发行　吉林大学出版社
社　　址　长春市朝阳区明德路 501 号
邮政编码　130021
发行电话　0431 - 89580028/29/21
网　　址　http://www.jlup.com.cn
电子邮箱　jdcbs@jlu.edu.cn
印　　刷　北京市金星印务有限公司
开　　本　787×1092　1/16
印　　张　12.5
字　　数　200 千字
版　　次　2017 年10月第 1 版
印　　次　2017 年10月第 1 次
书　　号　ISBN 978 - 7 - 5692 - 0658 - 6
定　　价　44.00 元

前　言

　　二语习得研究作为一门独立学科，与其他社会科学相比，是个新领域，大都借用母语研究、教育学研究或其他相关学科的研究方法。几十年的二语习得研究产生了数十种理论、模式和假说，成为一门发展迅速、进步缓慢、学科地位不高、理论建设尚处于初级阶段的学科。二语习得跨多门学科，但有其自身的研究特色，不是其他学科的附庸。我国的二语习得研究取得了丰硕的成果，学科建设得到了较快的发展，为推动国内外二语习得研究的发展做出了积极的贡献。然而，由于研究队伍背景多样，理论和方法论等认识角度不同，学者们对二语习得过程、结果及相关因素的解读纷繁复杂、莫衷一是。笔者对第二语言习得进行了全面的综述分析，总结并梳理第二语言习得研究领域的成果，便于更清楚地认识本学科的基本面貌，形成坚实的学术基础。

　　本书首先阐述了习得与学得的关系、第二语言习得的基本概念、学科性质以及发端与发展。着眼于第二语言习得与第一语言习得、对比分析与偏误分析、中介语分析、第二语言习得顺序的分析。从基于课堂的第二语言习得阐述到第二语言习得的模式与实践的探讨，阐述了外语知识教学理论与实践、外语知识技能理论与实践、外语网络教学理论与实践、外语文化教学理论与实践，突出二语习得的认知过程，强调二语习得的内外因素与外语教学的协同发展机制，进一步明确二语习得研究的意义及该研究带来的启示，指出本书研究的局限和不足，最后对二语习得的发展趋势进行展望。

　　本书所做的创新性工作可以概括为以下几点。

　　第一，对二语习得的理论进行梳理与总结，将各学科中有价值的成分借鉴吸收，纳入体系，使二语习得理论研究有所突破、创新和发展。

第二,对二语习得的理论体系和研究方法的探讨,对二语习得与外语教学及其改革起到重要的启发和指导作用,二语习得应用研究的范围也将得到拓展。强调高校加强现有研究方法课程的教学,对进一步普及和提高研究方法意识起到了积极的促进作用。

第三,提出从理论研究到与实证验证再到理论推演。在相关文献研究的基础上结合实证研究,运用静态与动态研究相结合、质性与量化研究相结合的方法,分析二语习得理论如何对二语教学实践产生影响,二语教学实践又如何对二语教学理论进行充实与完善,通过对二者的深入分析,得出相关结论。

本书是董娟、柴冒臣、关茗竺三位老师合著,董娟老师撰写7万字,柴冒臣老师撰写7万字,关茗竺老师撰写6万字。希望本书的研究能够对相关领域的研究提供参考。由于本研究仍然处于不断探索和发展过程中,加之作者水平有限,本书难免存在不成熟及有待改善的地方,恳请各位专家和读者批评指正。

目　录

第一章　第二语言习得基础概述

第一节　第二语言习得的基本概念

一、"母语"与"目的语"

对于学习者来说,"母语"与"目的语"是一对相关的概念。"母语"通常是指学习者所属种族、社团使用的语言,因而也称作"本族语"。一般情况下,母语通常是儿童出生以后最先接触并习得的语言。因此,母语通常也被称作"第一语言"。

然而,事情并非我们想象的那么简单。近些年来,随着全球人口流动的加剧以及世界各国移民的增加,使这种情况变得越来越复杂。一般情况下,我们很难简单地根据上述定义来确定,学习者最初学习的语言究竟是哪一种。比如,对大多数出生后移居国外的学习者而言,他们最初接触的语言是他的母语或本族语,也是他的第一语言;但是对于在美国出生的汉族儿童而言,他最先接触和习得的可能是英语,而不是汉语,但英语并不是他的母语或本族语。他的本族语是汉语。在这种情况下,我们把英语称作他的第一语言,汉语依然是他的母语。随着各国移民的流动、增加,这种情况也越来越多。另外,随着不同国籍和民族通婚情况的增加,父母来自说不同语言的民族,这种情况下,很难简单地确定究竟哪种语言是子女的母语或第一语言。如果我们非要打破砂锅问到底的话,我们只能说,来自不同民族的父母的语言都是他的母语。至于哪种语言是他的第一语言要根据他出生后家庭语言使用的情况而定。

"目的语"的概念相对简单。"目的语",也称"目标语",一般是指学习者正在学习的语言。这种语言可以指他正在学习的母语或第一语言,也可以指他正在学习的第二语言、第三语言甚至第四语言。它强调的是学习者正在学习的任何一种语言,与学习者的语言习得环境无关。比如,美国学生无论在美国学习汉语,还是在中国学习汉语,其目的语都是汉语。如果他们同时在学习法语,那么法语也是他们的目的语。对第二语言学习者而言,母语对其目的语的习得具有重要的影响。因此,这两个概念是密切相关的。

二、"第一语言"与"第二语言"

"第一语言"与"第二语言"也是一对相关的概念。上面我们已经谈到,"第一语言"通常是就学习者的母语或本族语而言的。尽管有些时候,学习者的第一语言并不是他的母语或本族语。但是,大多数学习者的母语就是他们的第一语言。此外,当我们说"第一语言"这个概念的时候,通常是就语言习得的时间顺序而言的。因此,"第一语言"是指儿童幼年最先接触和习得的语言。那么,在此之后习得的语言就是"第二语言"。

按照 Ellis 的观点,"第二语言"是相对于学习者习得的第一语言之外的任何一种其他语言而言的。这就是说,"第二语言"自然包含第三、第四或更多的其他语言。应该指出的是,第二语言的概念强调的是语言习得的先后顺序,与语言习得的环境无关。比如,美国儿童习得母语之后学习的任何一种语言,无论是汉语还是法语,无论是在美国学还是在法国学,都是第二语言。这些语言之所以被称为第二语言,都是相对于学习者的第一语言而言的,而不是相对于习得环境而言的。

在海外华人社团,区分第一语言和第二语言,情况要更复杂一些。比如,对在海外出生的华裔而言,汉语是作为母语还是作为第二语言来习得的呢?如果海外出生的华裔儿童幼年首先获得的是汉语,即其本族语,那么他后续习得的汉语仍然是母语,汉语就是他的第一语言;如果华裔儿童幼年最先获得的不是汉语,即汉语不是他的第一语言,那么他后续习得的汉语依然是他的本族语或母语。但是,按照 Ellis 的观点,他后续习得的汉语,相对于他习得的第一语言而言,应该是第二语言。这似乎有些自相矛盾。事实上,我们是从两个不同的角度来定义海外出生的华裔习得汉语的性质。我们认为,如果从种族的角度出发,无论海外华裔儿童的汉语是先习得还是后习得,其基本性质还是其母语,不应因其习得的先后顺序而改变其母语的性质。但对海外不会说汉语的华裔而言,其汉语习得过程的确具有第二语言习得的某些特点。

三、"习得"与"学习"

在第二语言习得的研究中，"习得"和"学习"是一对对应的概念。学者们用这一对概念来区分两种不同的语言获得的过程和方式。我们可以从不同的角度来释义这一对概念。

克拉申认为，成年人通过两种不同的、独立的方式获得第二语言。一种方式是通过"习得"，即类似于儿童母语的获得方式，另一种是通过"学习"的方式。因此，就语言获得的方式而言，"习得"是指"非正式"的语言获得，儿童大都是通过这种方式来获得母语的；"学习"是指"正式"的语言规则学习，即通过课堂教学的方式来获得第二语言。大多数成人第二语言学习者都是通过这种方式获得第二语言的。

就语言获得的心理过程而言，"习得"通常是指在自然状态下"下意识"的语言获得，而"学习"一般是指"有意识"的语言知识的获得。心理学界一般称前者为"内隐学习"，后者为"外显学习"。内隐学习是通过无意识或下意识的方式来获得语言知识，而外显学习则是在有意识的状态下通过规则学习来获得语言知识。

就语言获得的知识类型而言，通过"习得"方式获得的是"隐性语言知识"，通过"学习"方式获得的是"显性语言知识"。学者们通常用"picking up a language"，来描述语言习得，就像儿童那样下意识地、毫不费力地获得一种语言。而语言学习，学者们认为是"knowing about a language"，即学习一种显性的语言知识，而不是"language learning"，即获得一种语言。

上述描述从不同角度揭示了"习得"与"学习"这两个概念的区别和特点。那么，这两种获得方式是不是截然分离的呢？学者们是怎样看待这两种不同语言获得方式之间的关系呢？

克拉申认为，通过习得获得的是"隐性知识"，通过学习获得的是"显性知识"，这是两种不同类型的知识，两种类型的知识是互相独立的。通过学习获得的"显性知识"不能转化为"隐性知识"。这就是所谓的"无接口观点"。有学者认为，这种"强势观点"割裂了两种知识的联系，因而提出许多批评和质疑，并提出了"有接口观点"，认为显性知识通过操练可以转化成隐性知识。Ellis 认为这两个过程在实践中是难以区分的，而且人们对"习得"这一概念的理解也大不一样。因此，他一直把"习得"和"学习"作为两个可以交互使用的概念。第二语言习得在他看来，既包括下意识过程也包括有意识过程,既包括自然的语言习得也包括课堂环境下的语言学习。

四、"第二语言习得"与"外语习得"

Ellis 最初并没有区分"第二语言习得"与"外语习得"这两个概念,因为他认为,"第二语言习得"与"外语习得"不是一对对应的概念。后来,Ellis 明确地将第二语言习得与外语习得的概念区分开来。他认为,第二语言习得是指学习者在目的语国家学习目的语。学习者所学的目的语在目的语国家是公认的交际工具,当然也是学习者用来交际的工具。如学习者在英国或美国学习英语,英语在这种环境下应该称作第二语言;相反,如果中国人或俄国人在本国学习英语,这种情况下,英语是作为外语来学习的。原因是,学习者所学的语言在本国不是作为整个社团的交际工具,而且学习者所学的语言主要是在课堂学习的。

Ellis 主要依据学习者语言习得的环境来区分第二语言习得和外语习得。但是,有学者认为,"第二语言习得"与"外语习得"指的是两种不同的语言习得环境,而不是两种不同的语言。Van Pattern 对"语言习得"与"语言习得的环境"作了明确的区分。他指出,语言习得环境的区分主要涉及两个因素,一是在语言习得的国家是否使用这种语言,二是是否有课堂学习的经历。"外语环境"是指学习者所学的语言在课堂之外,即在语言习得发生的环境中不作为交际语言。比如,学习者在美国学法语就是外语习得环境。"第二语言环境"指学习者所学的语言在语言习得发生的环境中作为交际语言。如在美国、澳大利亚学英语就是第二语言习得的环境。显然,Van Pattern 区分语言习得环境的标准与 Ellis 是一致的。但是,Van Pattern 认为,"第二语言习得"与"外语习得"的概念与语言习得的环境无关,"第二语言"是相对于学习者的母语或第一语言而言的,不是根据语言习得发生的环境来定义的。因此,美国人在法国学法语,法语是作为第二语言来习得的,同样,美国人在美国学法语,法语依然是学习者的第二语言,只不过不是在外语习得环境下发生的。但并不能认为法语习得是在外语习得环境下发生的,原本是学习者的"第二语言"因为环境变化而变成"外语"了。因此,"第二语言"的定义与语言习得环境无关。

当然,区分"第二语言习得环境"和"外语习得环境"还是很有必要的。因为在两种环境下的语言习得,学习者在学什么、怎么学这两方面会有很多差别。

五、"自然的第二语言习得"与"有指导的第二语言习得"

"自然的第二语言习得"与"有指导的第二语言习得"是一对对应的概念。按照 Ellis 的观点，二者的区别在于第二语言是以何种方式、在何种环境下发生的。从习得方式的角度来看，二者的区别在于，第二语言是以交际的方式获得的还是通过教学指导的方式获得的；从习得环境的角度看，二者的区别在于，第二语言习得是在自然的社会环境下发生的还是在课堂教学环境中进行的。因此，从上述两个角度出发，"自然的第二语言习得"是指以交际的方式获得第二语言，而且语言习得通常是在自然的社会环境下发生的；"有指导的第二语言习得"顾名思义是以教学指导的方式获得第二语言，语言习得通常是在课堂教学环境中发生的。

Klein 则从心理语言学的角度把习得分为"自然发生的习得"和"有指导的习得"。Klein 认为，"自然发生的习得"指学习者在自然的习得过程中注意力集中在交际方面而不是语言形式方面，因而是一种不经意的或下意识的学习；"有指导的习得"指学习者在有教学指导的条件下学习第二语言，精力主要集中在语言系统的某些方面，如语音、词汇、语法等项目上。

Ellis 认为，最好还是从社会语言学的角度来划分这两个概念。因为它反映了学习者参与习得过程的环境和活动。如果从心理语言学的角度来划分，似乎自然习得就是下意识的，有教学指导的习得就是有意识的。这似乎不完全符合实际情况。但是，无论从什么角度来划分这两种不同类型的语言获得方式，我们关心的是，在两种不同的语言获得方式和环境下发生的第二语言习得过程有什么不同。在这个问题上，学者们的观点不尽相同。

按照通常的理解，在自然的社会环境下，通过交际获得的是隐性语言知识，而在有指导的课堂教学环境下，学习者获得的是显性语言知识。这意味着在这两种不同的环境、不同的语言获得方式下发生的第二语言习得的过程也是不同的，所获得的知识类型也是不同的。但 Van Pattern 认为，第二语言习得无论发生在课堂教学环境还是非课堂教学环境都没有差别。Ellis 则认为，这依然是一个悬而未决的问题。

六、"语言能力"与"语言表达"

"语言能力"与"语言表达"是第二语言习得研究中经常遇到的两个最基本概念。按照乔姆斯基的观点，语言能力是由交际双方内在语法规则的心理表征构成的。简单地说，语言能力是一种反映交际双方语言知识的心理语法。这种语法是一种"隐性的"而不是一种"显性的"语言知识。母语使用者对句子的合语法性的直觉判断,依据的是这种隐性语言知识。凭借这种隐性语言知识,或者说内化的语法知识,母语使用者可以理解并说出合法的句子,包括他从来没有听过的句子。依据这种知识,他能够判断出"我吃饭在饭馆"是不合法的句子,"我在饭馆吃饭"则是合法的句子。

Performance 的译法目前还不统一,我们译为"语言表达"。按照乔姆斯基的理论,语言表达指的是交际双方在语言的理解与生成过程中对其内在语法的运用。换句话说,语言能力是关于语言的知识,语言表达是关于语言运用的知识。作为理想的母语者,他可以根据内在的语法规则,如递归规则生成下面这种无限递归的句子:

The man saw the dog which bit the girl who was stroking the cat which had caught the mouse which had eaten the cheese which

问题是英语母语者在具体的语言表达中,由于各种非语言因素,如疲劳、注意力不集中或记忆的限制,不可能生成这样的句子。英语母语者在实际的语言运用中所生成的语言仅仅是整个话语的一部分,而且这些实际生成的话语有些可能是不合语法的。换言之,这些实际运用的话语并不一定能够反映这种理想的语言能力。这种理想的语言能力无法直接观察到,第二语言习得研究只能通过学习者的语言表达对其潜在的语言知识进行描写,并最终对学习者的语言能力做出解释。通常,研究者需要通过收集和分析学习者在言语表达过程中的实际话语来推理和检验学习者的语言能力。然而,心灵学派并不重视学习者的实际语言分析,在他们看来,如果普遍语法具有普遍性,那么那些普遍原则就适用于所有的学习者。因此,检验一个学习者的语言直觉能力就足够了,而不必要去检验言语表达中的语言材料。

上面我们介绍了第二语言习得研究中要涉及的最基本的概念。当然仅仅了解这些基本概念是远远不够的。这只能作为我们学习这门课程的入门概念。还有一些概念,我们将在后续的各章节中陆续介绍。

第二节　用于第二语言课堂研究的主要方法

人们对研究方法有着不同的分类方式,最为普遍的是把研究分为量化和质化两类。在国际二语习得研究领域，量化研究占据统治地位。Lazaraton对国际二语习得研究领域四大期刊前七年发表的论文做了统计，发现88%的文章是量化研究，10%是质化研究，2%是部分质化研究。人们还从研究设计、资料采集和结果分析三个层面对研究方法进行分类：研究设计可以是在实验条件下进行的或在非实验条件下进行的；资料采集可以是定量的或定性的；结果分析可以是数据统计的也可以是解释性的。但这种分类似乎过于细致过于繁复。还有研究者把研究方法分为描述式研究和实证式研究两大类，其中描述研究也可有数据分析，比如某种语言形式出现的百分比。Nunan和Ellis对于二语课堂研究方法的分类都承继这种分类方法。下面我们按照Ellis的分类对二语课堂研究常用的研究方法做简单介绍。

一、描述式研究

描述式研究属于探索式研究，即从实际到理论的研究，是"此"时"此"地的局部研究，注重在自然情况下发生的过程。在二语课堂研究中，研究者重点考察并分类记录课堂上教师、学生的课堂行为，不同互动种类的次数，互动产生的过程，以及互动在二语学习上所起的作用。研究者一般到课堂进行现场观察记录，对课堂录音录像等，之后再对采集的资料做转写分析。对研究结果的评估和分析可以是量化的（如学生提问次数及频率），也可以是质化的，但大部分是质化的。常用于描述第二语言课堂互动的研究工具有如下几种：

（一）互动分析

研究者对课堂行为进行分类，如学生举手、教师微笑等，以符号记录出现次数，然后计算出现频率。在这个意义上，互动分析算是量化研究。互动分析是课堂语篇框架研究常使用的方法。但这种方法的弊端是，不同研究者对复杂的课堂行为有着不同的理解，由此有不同的课堂行为分类，使得不同研究之间难以比较借鉴。另外，以符号标记某种课堂行为出现的次数会把许多课堂关联行为割裂开来，如课堂的问与答，因此难以还原整体课堂过程。

（二）语篇分析

语篇分析是社会语言学家使用的重要研究工具。二语课堂研究者借鉴这一方式把课堂出现的话语片段进行归类、比较、分析，比如Long&Sato使用这种方法分析教师课堂问题，Chaudron分析教师的课堂反馈等。相对于互动分析,语篇分析更注重课堂言语之间的关联性和结构性,常用于研究课堂进程、课堂互动等。

（三）会话分析

会话分析是社会学、社会语言学、语用学使用的重要研究工具。社会语言学认为会话是一个言语活动过程,其每一步都是双方相互协商的结果,都是构成正确理解下一步的前提。会话双方都是在运用自己的语言知识及非语言知识来表达自己、理解对方。会话分析的基本目的是解释说话人表达的意思,受话者又是怎么样理解并做出反应的。二语课堂研究者使用会话分析是为了同样的目的,分析课堂上教师、学生话语背后的成因,以解析真实的课堂。

（四）微观跟踪分析

微观跟踪分析是一些社会文化理论研究者观察记录课堂互动方法,详细记录学习者之间如何通过互动合作完成任务的过程。

二、实证法研究

实证法研究与描述式研究最大的不同是理论先行,即研究者根据某个理论提出假设、设计步骤、收集资料、报告统计结果,得出证实假设或推翻假设的结论并加以分析和解释。二语课堂实证研究关注的话题往往是比较不同的教学条件,验证某个理论假说,找出不同课堂教学不同变量之间的相关性,用描述数据或推断数据显示比较结果,前者通常用平均数和标准差显示,后者用 p 值表示组别差别或 r 值表示相关性大小。常见的实证研究包括实验研究和关联研究两大类。

（一）实验研究

实验研究应具备以下条件:参加者随机分配到实验组和对照组,有一定的样本数量;设有前测、即时后测、延时后测,研究目的是比较检验某种教学方式或学习条件相对于另一种教学方式或学习条件对学习某个目标形式是否更有效。实验研究是计算模式学派二语课堂研究使用最多的研究方法,属量化研究,是对实验结果的比较。

（二）关联研究

关联研究是检验变量之间相关性的研究,比如课堂出勤率与学习成绩是否存有相关性。

（三）准实验研究

准实验研究是指在真实课堂上进行的实证研究。研究方法与实证研究一样，但会受到真实课堂条件的限制，比如学生人数、课程进度、行政干预等；不同组别的参加者并非随机取样，有时样本数量过小，各实验组人数不均。准实验研究相对于在实验条件下进行的研究更能够准确地反映真实课堂，为不少课堂实验研究者使用。但也有不少研究者对这类研究的效度提出质疑，弥补方法之一是延长实验时间，即使用多次延时后测等。

三、常用测量工具

课堂二语习得研究常用的衡量标准大致可分为对目的语形式准确率的计算、意义沟通机会和整体语言质量等，分别代表着不同理论学派对语言习得的认识，常用的有：

（一）目的语形式的准确率

研究者常用的测量目的语形式准确率的工具有，多项选择、对错判断、完形填空、改错、用所给词汇造句等。但不少研究者对这类工具是否能判断出学生目的语形式的习得发展提出质疑。

（二）意义沟通

Long 提出的互动假说认为，学习者在语言使用过程中因为语言能力欠缺可能会造成沟通不畅，互动双方为完成交流目的必须进行意义沟通。在沟通的过程中，学习者可能会意识到自己的语言错误，达到顺带学习语言形式的目的，因此意义沟通的多寡可以视为语言学习机会的多寡。意义沟通分为理解核实、确认核实、澄清请求三大类。

（三）语言相关片段

这一测量方式来自"可理解输出假说"的提出者 Swain，是指学生在意义沟通过程中，因自己语言能力不够或对已使用的语句产生疑问时，中断正在进行的交际话题，与沟通者讨论语言形式的片段。这类片段可能引发的结果为：（1）改正所犯的语言错误；（2）没有改正所犯的语言错误；（3）改正所犯的语言错误，但在其他方面出错。另一种类似的测量方式被称为"语言聚焦片段"。语言相关片段和语言聚焦片段也是一些研究者判断学习有效性的评估标准。

（四）语言质量的综合衡量

Skehan 提出，课堂教学应该以发展学生语言的流利度、复杂度和准确度为目标,这三项指标也成为衡量语言产出的重要标准。流利度测量学生输出的速度和在输出过程中的中断时间;复杂度测量输出语言的词汇、语句的难度和广泛度;准确度测量学生输出语言与目的语系统的差距。

实证研究牵涉到研究的效度和信度。"效度"是指实证研究测量到的结果是否真实反映了考察的内容,例如早期宏观教学方式比较研究显然没有测量到所要的结果。目前很多研究者使用判断对错等方式来衡量学生对目标形式的掌握,但这种"准确率"只能说明学习者理解了目标形式的规则,并不意味他们能在实际交流中使用。"信度"是指研究者之间和测量工具的一致性,是指两个或两个以上研究者对同一组数据或采集的材料使用相同的标准做出相对一致的判断。二语课堂研究和其他社会科学类研究一样,注重研究方法的科学性。从研究设计、研究工具的选择与实施、资料数据的处理或计算、所得结果的分析和解释以及结论的得出等,都需要研究者具有严谨的学术态度和训练有素的研究功底。我们在阅读研究文章时,也需要从上述几个方面进行批判式阅读。

四、混合型研究

任何研究都有其局限性,实证研究也是如此。单纯的实验结果只是比较组别的不同,往往会忽略过程中的细节,而细节可能会直接影响实验结果。我们前面提到的早期宏观教学方式研究就是典型的实验研究,但由于没有对过程做出仔细观察和记录,未能发现教师名义上使用不同的教学模式,其实际上使用了近似的教学方式,因此导致所得结果的不准确。现在越来越多的研究者在使用实证研究方式的同时使用描述性研究,对实验过程做仔细观察和记录,用所得结果解释数据结果,使研究更具说服力。这类研究被称为"混合型研究",或称为"结果—过程"研究。

五、统和分析

近年来,二语课堂研究领域不少研究者采用统和分析法。统和分析是对以往做过的同一题目的数个实验研究结果进行综合统计,所得结果可以为人们提供一个相关题目的综合画面和数据总结。比如 Norris&Ortega 对以往有关语言形式教学的49个实验研究做了综合统计。他们首先对已有研究进行筛选,找出符合标准的研究,然后分类对入选研究进行一系列数据统计,对各个类别的效应值进行叠加,得出最终结论。他们的结果显示,显性语言形式教学比隐性语言形式教学更为有效。Li 的纠错反馈的统和统计结果显示,在实验室条件下进行的纠错反馈效果高于在真实课堂上进行的研究。

六、行动研究

二语课堂习得研究的实施者大致分为三类:(1)研究者。他们关注更多的是二语习得的基本规律,更多地把课堂当作搜集资料的场所,研究基本上是从理论来,回到理论中去;(2)既是研究者又有课堂教学经历。课堂二语习得研究有影响的研究成果大都出于这类研究者,如 Rod Ellis. Susan Gass等;(3)一线教师。大部分一线教师没有受过严格的二语习得方面的研究方法训练,也缺乏相应的理论知识,但他们就自己教学中发现的问题进行小范围的探索式研究,属于从实践中来到实践中去式的研究。这类研究统称为"行动研究"。

行动研究是教师在教学的过程中对自己的教学观念、采用的教学方法以及由此产生的教学效果进行反思并改进的过程,即确定问题—制订改进计划—将计划付诸行动—评估结果—进行下一轮行动的过程。本书介绍的研究题目都可用于行动研究,如教师提问种类、课堂第一语言使用比例、任务实施条件、教师纠错反馈类别、学习动机策略等。行动研究是在自己教学范围内进行的局部研究,教师不必严格按照本书提到的研究过程进行,如:不需设对照组或进行严格的数据分析。但本书介绍的一些方法可用到行动研究中去,比如采访、教学日记、问卷调查、课堂观察等。

第三节　第二语言习得的学科性质

第二语言习得研究随着学科理论的发展与成熟,其学科性质似乎是不言自明的,或者至少应该是越来越明确,但事实上并非如此。

Ellis 在评价第二语言习得研究的学科发展时指出:"作为理论发展的结果,第二语言习得研究已经成为涉及领域非常广泛的学科。与此同时,这个学科由于界限的伸缩性,在某种程度上成为一个非常模糊的研究领域。"按照 Ellis 的看法,第二语言习得研究由于和某些学科的关系越来越密切,甚至是融合,因而使得自身的学科性质越来越模糊。这给我们探讨第二语言习得研究的学科性质带来一定的困难。但是,尽管如此,我们认为,至少到目前为止,第二语言习得研究仍然是一个相对独立的学科。为了大家能对第二语言习得研究的学科性质有一个基本的了解,这一节,我们将通过学科之间的相互关系来探讨第二语言习得研究的学科性质和特点。

一、第二语言习得研究与语言学

相较而言,语言学是一个古老的学科,第二语言习得研究则是一个年轻的学科。但是,第二语言习得研究从诞生那天起就与语言学有一种天然的联系。随着两个学科的不断发展,语言学理论对第二语言习得研究的影响越来越大,第二语言习得研究也越来越关注语言学研究。在第二语言习得研究领域,有些理论模式便是建立在当代语言学理论的基础之上的。然而,这种相互影响使二者之间的界限似乎有些模糊。尽管如此,我们通过下面的分析,依然可以比较清晰地看出第二语言习得研究与语言学的区别和相互关系。

首先,就研究对象而言,语言学家通常把母语者的语言系统作为自己的研究对象,他们所关注的是这种语言系统本身的结构和规律。第二语言习得研究者虽然也关注母语系统本身规律的研究,但是,他们更为关注的是"学习者的语言系统"的规律。所谓"学习者的语言系统"是指学习者在目的语习得过程中产出的语言。学习者的语言是有系统性的,它既不同于学习者的母语系统,也不同于学习者的目的语系统。这种不同表现在学习者用第二语言表达的语音、词汇、语法等各个层面。学习者的语言系统,从母语者的角度来看,是不符合或者偏离学习者的目的语规则的。我们来看下面几个例句:

(1)那位老大娘拉着大夫的手说:"我生了他,现在你再一次<u>生命</u>他。"

(2)我学完专业一回去,她就<u>结婚</u>我。

(3)她<u>很</u>高高兴兴地回去了。

(4)孩子们<u>把</u>故事听<u>高兴</u>了。

(5)我<u>被</u>教师<u>教</u>中文了。

以汉语作为第二语言的学习者在汉语学习之初,经常会造出这样的句子。这些不符合汉语规则的句子对汉语老师来说是司空见惯的。通常,我们把这些不符合学习者目的语规则的句子叫作第二语言学习者的"语言偏误"。当然,学习者的语言系统不仅仅是由这些偏误构成的,还包括学习者正确的语言表达。另外,我们不能用母语者的眼光来评判"学习者的语言系统"。因为这是两个不同的语言系统,他们各有各的特点和规律。第二语言习得研究关注的正是学习者的这种语言系统。

其次,语言学家和第二语言习得研究者研究的目的不同。大家知道,有些语言研究是语言学家和第二语言习得研究者共同关心的话题。比如,乔姆斯基的语言学理论对第二语言习得研究产生了深刻的影响。20世纪80年代他提出的"原则与参数"理论不仅是语言学家关注的理论,而且也是第二语言习得研究者关注的理论。但是,语言学家们关注的是普遍语法的"原则"是否可以解释所有人类语言的普遍性问题;"参数"是否能够解释不同语言之间的差异。这显然不是第二语言习得研究者的主要目的。第二语言习得研究者关注的是如何用原则和参数理论来解释第二语言学习者语言习得的规律。因此,第二语言习得研究者在原则与参数理论的基础上,提出了"参数重设"的理论假设。这些研究者试图通过"参数重设"的理论解释第二语言学习者在母语参数设定之后,如何根据第二语言输入重新设定参数的机制和过程。所以,有学者认为,语言学家是理论的生产者,第二语言习得研究是语言学理论的消费者。事实上,语言学家有语言学家的任务,第二语言习得研究者有第二语言习得研究者的任务,二者的研究目的不同。

最后,语言学家和第二语言习得研究者在分析和解释学习者语言系统的方法上也有所不同。近些年来,越来越多的语言学家开始关注汉语作为第二语言的学习者语言系统的研究,但是,语言学家们主要是通过描写的方法研究学习者语言结构本身的问题,解释的依据是学习者的目的语规则。而第二语言习得研究者更为关注的是学习者语言系统产生的心理过程和心理机制问题,描写与解释的依据不仅仅是语言规则,而且还更多地采用实证的方法。

上述分析表明,第二语言习得研究是一个与语言学密切相关但又不同于语言学研究的独立学科。正如Ellis指出的那样,第二语言习得研究与语言学是一种相依共生的关系,二者彼此借鉴。在这个意义上说,第二语言习得研究不仅仅是语言学理论的消费者,而且是一个贡献者。

二、第二语言习得研究与心理学

第二语言习得研究与心理学的密切关系是不言而喻的。这主要是因为第二语言习得研究与心理学在某些领域有共同关注的问题。比如,语言与语言获得就是两个学科共同关注的研究领域。也就是说,语言与语言获得既是第二语言习得研究关注的研究领域,也是心理学关注的研究领域。但是,尽管如此,两个学科无论在研究目的、研究范围还是在研究方法上都有一些不同之处。

就研究目的而言,心理学研究语言和语言获得是为了揭示人类心理现象的特点和规律。对心理学研究来说,语言和语言获得心理机制的研究,只不过是揭示人类心理现象的普遍规律和特点的手段而已,并不是心理学研究的直接目的和最终目的。然而,第二语言习得研究的主要目的是研究第二语言学习者是如何获得第二语言的。换句话说,第二语言习得研究的最终目的是描写第二语言学习者的习得过程,揭示第二语言学习者的习得机制。按照 Ellis 的观点,第二语言习得研究的目的是描写和解释学习者的语言能力和交际能力。由此可见,心理学研究的目的与第二语言习得研究的目的有所不同。

就研究范围而言,心理学研究要比第二语言习得研究宽泛得多。心理学作为研究心理现象的科学,主要研究人类个体的心理动机、心理过程和心理特性。就心理过程的研究范围而言,心理学主要研究人类个体的感觉、知觉、理解、记忆等,以及儿童母语习得的心理过程。然而,第二语言习得研究却很少涉及这些研究领域。纵观第二语言习得研究的历史发展和研究传统,第二语言习得研究的范围主要包括三个方面:一是关于学习者语言系统的研究,二是关于学习者习得过程的研究,三是关于学习者本身的研究。显然易见,第二语言习得研究与心理学研究既有共同关心的研究领域,也有各自的研究范围和研究传统。

此外,这两个学科在研究方法上也有一些不同之处。心理学研究的方法有很多种,例如,观察法、心理测验法、实验法、个案法等。第二语言习得研究虽然有时也采用心理学研究的一些方法,如观察法、个案法甚至实验法等,但第二语言习得研究长于学习者语言系统的描写,而心理学研究则更长于实验研究。Meara 在分析心理学与应用语言学在研究传统上的差别时曾经指出:"直到那时,心理学关于双语词典的研究与第二语言词汇习得研究成为两个完全分离的研究传统,二者之间几乎没有什么接触点。某些教学研究的文献只是口头上关注心理学的研究,但是,关注的问题则完全不同;心理学研究的文献中,则很少引用根植于应用语言学研究传统的学术著作。近些年来,两个领域之间的隔阂仍然没有丝毫改变的迹象。"Meara 认为,造成这种隔阂的原因之一是,这两个研究领域属于两个完全不同的研究传统,语言学家和心理学家思考语言的方法完全不同。其中一个主要的差别是,在心理学界,长期以来有按照"形式化模式"来思考心理语言学问题的传统。但是,这种传统在应用语言学领域却没有很好地建立起来。第二语言习得研究领域的文献中有许多关于词汇习得的描述性研究,但是含有解释性、基于模式的研究却很少。Meara 指出的是心理学和第二语言习得研究这两个领域缺少借鉴与合作,同时也说明了两个研究领域在研究方法上的重要差别。但近些年来,这种情况已有了很大改观。两个研究领域在研究方法上的借鉴使二者在研究方法上的差异逐渐缩小。此外,第二语言习得研究除了借鉴心理学和心理语言学的一些研究方法外,还借鉴了社会语言学以及认知科学等相关学科的研究方法,因而在研究方法上不断完善。

三、第二语言习得研究与心理语言学

关于第二语言习得研究与心理语言学的关系,学者们有不同的看法。有人认为,语言获得研究属于心理语言学的一部分。或者说,是属于心理语言学的一个分支,即发展心理学。也有人把第二语言习得研究称作应用心理语言学。这些看法使这两个学科之间的界限似乎显得更加模糊了。

把第二语言习得研究看作心理语言学的分支,从心理语言学的角度来看,似乎不无道理。因为,从研究对象来看,心理语言学研究的确包括语言习得研究,但是这种观点忽视了一个重要的事实,即第二语言习得研究作为应用语言学的一部分,从一开始就有其自身发生、发展的历史,而不是作为心理语言学的附属。语言习得是许多学科关注的研究对象,如认知心理学、社会语言学、教育学等。但是,并不能因此把第二语言习得研究分属上述不同的学科。事实上,第二语言习得研究与其十分相近的学科——心理语言学仍然有很大的分别。并且,把第二语言习得研究划归"应用心理语言学"似乎也没有什么理论依据,也不符合第二语言习得研究这个学科发展的历史。那么,第二语言习得研究与心理语言学究竟是什么关系呢? 我们不妨先来看看心理语言学家是怎样定义心理语言学的研究对象和研究范围的。

David W. Carroil 认为,心理语言学的研究对象是与语言运用相关的心理过程。这些过程首先包括的是语言的理解,即学习者如何感知和理解口语、书面语;第二是语言的产生,即学习者如何由概念生成话语或完整的句子;第三是语言的获得,即儿童是怎样获得语言的。从学科的归属来看,他认

为,心理语言学是认知科学的一部分;从研究方法来看,心理语言学是从心理学的角度来研究语言。从 David W. Carroll 的观点,我们可以看出,第二语言习得研究与心理语言学有以下不同点:

1. 从研究对象上看,第二语言习得主要研究第二语言学习者的语言系统、习得过程和习得机制,注重对第二语言学习者语言系统及习得过程的描写和解释。心理语言学过去对第二语言学习者的语言系统本身的研究关注不多。而学者们关注最多的是儿童母语获得的心理过程和心理机制,尽管现在这个领域的研究目前已经不限于儿童母语获得的研究。

2. 从学科的归属来看,至少在第二语言习得研究这个领域,学者们一般认为,第二语言习得研究属于应用语言学,尽管学者们对"应用语言学"这个说法有不同的看法,但是这个研究领域的学者们在使用"应用语言学"这个术语时,自然包括第二语言习得研究。这一点在理解上似乎不会产生争议。而心理语言学,按照 David W. Carroll 的观点,属于认知科学。

3. 在研究方法上,心理语言学研究基本上是采用心理学或实验心理学的研究范式,长于实验室研究,主张通过实验方法检验理论假设。第二语言习得研究虽然也吸取相关学科的研究方法,比如实验室研究,但是从第二语言习得的研究传统来看,这个学科主要从三个角度来描写和解释第二语言学习者的语言系统、习得过程和习得机制:一是从语言学的角度;二是从认知的角度;三是从社会语言学的角度,包括社会与文化角度。在研究方法上显然要比心理语言学宽泛得多。

4. 学者们的研究兴趣也有很多不同。无论是心理学界还是心理语言学界的学者们,都对人类个体的感觉、知觉、理解、记忆、思维等心理过程感兴趣;第二语言习得研究者们则对学习者的语言系统、习得过程以及学习者自身的研究感兴趣,如:学习者的偏误分析、习得顺序、普遍语法与习得机制、学习者的语言变异、学习者的个体差异等方面进行描写与解释。因此,尽管第二语言习得研究与心理语言学有着极为密切的关系,但是二者之间仍然是同中有异。无论从研究对象还是研究的范围以及研究方法上来看,第二语言习得研究仍然表现出本学科的许多特点。

四、第二语言习得研究的跨学科特点

从上述讨论中,我们看到,第二语言习得研究与语言学密切相关,但在学科的划分上,它并不属于语言学;同样,它与心理学和心理语言学也密切

相关,但它既不属于心理学也不属于心理语言学。同样地,我们也看到,尽管它并不属于上述学科,但由于研究对象的某些共性,使得这些学科的某些研究领域彼此互相关联。这充分表明了第二语言习得研究的跨学科特点,或者说,它是一个交叉学科。语言学与心理学的交叉与重合部分构成了心理语言学。正如 David W. Carroll 指出的那样,"心理语言学基本上是心理学和语言学两个学科的结合"。第二语言习得研究与语言学、心理学和心理语言学的交叉和重合构成了三重关系;第二语言习得研究与语言学的交叉反映了第二语言习得研究中的语言学视角,如从普遍语法的角度描写和解释第二语言学习者的语言习得机制,就是从语言学的角度研究第二语言习得;第二语言习得研究与心理学的交叉反映了第二语言习得研究中的认知心理学视角,如运用信息加工的理论来描述和阐释第二语言学习者语言加工的心理过程,就是从认知的角度研究第二语言习得;第二语言习得研究与心理语言学的交叉,实际上是上述四个学科共同研究领域的重合。很显然,这四个学科共同关注的研究领域远小于各自研究的范围。这四个学科的交叉关系,既反映了上述学科在研究对象和研究范围上的共性,同时也反映了彼此间的差异。这是所有交叉学科的特点。

第二语言习得研究的跨学科性质是由其研究对象的性质决定的。第二语言习得研究首先涉及学习者语言系统的研究,因而与语言学研究相关;然而,第二语言习得研究不仅仅是语言系统的研究,它还涉及语言获得的一系列心理过程,因而必然涉及心理学的某些研究领域;此外,学习者自身的研究包括学习者的个体差异因素,如年龄、性别、情感、认知风格以及学习策略等方面。这些方面的研究与心理学以及心理语言学关系更为密切。第二语言习得研究与这些学科的关系决定了第二语言习得研究的跨学科特点。

上述分析表明,第二语言习得研究尽管与语言学、心理学和心理语言学联系非常密切,但到目前为止,仍然是一个相对独立的学科。但是,随着这些学科的未来发展以及学科之间的融合,学科之间的关系也会发生变化。正如 Ellis 对第二语言习得研究的未来发展所作的描述那样:"从某种意义上说,第二语言习得研究正处于一个十字路口。它也许会继续作为一个独立的学科延续下来,也许会分裂为一系列的下位学科,在有些情况下,它也许会被合并到上位学科中去。"学科的分合常常是不以人的意志为转移的,Ellis 的预言也是因为看到了这个学科本身的跨学科特点,但发展的路径目前还无法确定。

第四节　第二语言习得的发端与发展

第二语言习得研究,作为应用语言学的一个分支,与其他分支相比仍然是一个比较年轻的学科。作为一个相对独立的研究领域,第二语言习得研究由发端到发展经历了不同的历史发展阶段。本节将对这一研究领域的发展历程作一简要回顾。

一、第二语言习得研究的发端

第二语言习得研究的发端可以追溯到 20 世纪 60 年代末。Patsy M. Lightbown 在谈到这个研究领域的发端时指出:"在这个领域,学者们大都把 Corder 年发表的《学习者偏误的意义》以及 Selinker 发表的《中介语》这两篇文章看作这个领域的发端。"学者们之所以把这两篇文章作为这个学科建立的标志,是因为 Corder 和 Selinker 在各自的文章中先后明确了第二语言习得研究的研究对象,创立了相似的理论假说,指明了第二语言习得研究的方向,为后来的第二语言习得研究奠定了坚实的理论基础。因此,Corder 和 Selinker 这两篇文章被学者们称作"开山之作"。

Corder 作为第二语言习得研究的创始人发表了许多理论著述,在第二语言习得研究领域享有很高的声誉。为了对他的理论贡献表示敬意,在他退休时,一些欧美学者在爱丁堡大学以"中介语研究的现状"为题召开了研讨会。会上,Selinker 在评价 Corder 的理论贡献时指出:"从 Corder 1967 年发表的文章算起,中介语研究将近 25 年了。我查阅了几个世纪前的文献,从未发现过任何关于学习者语言的系统研究。"这就是说,关于"学习者语言"的系统研究始于 Corder。换句话说,Corder 明确地提出了第二语言习得研究的对象,这标志着第二语言习得研究已经成为一个相对独立的研究领域。

Selinker 年发表的文章,系统地阐述了"中介语"理论假设。这一假设更加明确地提出了第二语言习得研究的对象,即"学习者的语言系统"。这在当时具有里程碑的意义。如果回顾一下 20 世纪 60 年代对比分析盛极一时的历史,我们就会真正理解中介语的理论假设的提出对第二语言习得研究这个学科发端的重要意义。对比分析的宗旨是将学习者的母语和目的语进行对比,以预测学习者的难点。问题在于,在对比分析的理论框架中,不存在学习者的语言系统。因此,学者们认为,对比分析不属于第二语言习得研究领域。从这个意义上讲,第二语言习得研究的对象在学科建立之前并不很明确。Selinker 在 1972 年发表的文章中,把学习者的语言系统作为与其母语和目的语系统相对应的、独立的语言系统,使得第二语言习得研究的对象更加明确。此外,Selinker 在这篇文章中系统地分析了第二语言学习者语言系统产生的心理过程和心理机制,为第二语言习得研究奠定了心理语言学基础。因此,这两篇文章作为这个学科建立的标志是无可厚非的。

第二语言习得研究这个学科的确立,反映了当时第二语言教学领域教学观念的历史变革。20 世纪 60 年代,乔姆斯基对行为主义学习理论的批判曾经给第二语言教学领域带来巨大的影响。正像 Corder 指出的那样,这种影响之一就是第二语言教学领域以教学为中心向以学习为中心的转变。传统的语言教学是以教学为中心的。教学研究关注的是"教什么、怎么教"的问题。随着但是随着第二语言教学理论与实践的发展,语言教师们发现,第二语言教学不仅要研究教什么、怎么教的问题,而且还要研究学习者学什么、怎么学的问题。随着第二语言教学领域这种观念的转变,越来越多的学者关注第二语言习得研究,促进了第二语言习得研究的发展。

但是,在 20 世纪 80 年代,学者们注意到一个现象,即随着学科的发展,第二语言习得研究与第二语言教学研究逐渐分离。Lightbown 曾对这两个学科的分离作过说明。她指出,"在过去的几年里,第二语言习得研究的学者们自己组织的学术会议越来越多,从而远离 TESOL 学术会议。"因为学者们逐渐认识到,"第二语言习得研究这个领域本身还有许多研究方法、理论分析与解释等方面的问题。这些问题需要这个领域的学者们在一起来研讨。只有这样,第二语言习得研究才能取得真正的进展。"第二语言习得研究最初附属于第二语言教学研究领域,现在这个学科逐渐从语言教学研究领域中独立出来。这是学科发展的必然结果。作为一个独立的学术研究门类,第二语言习得研究必须要有本学科的研究对象,并逐步建立和完善本学科的理论基础和研究方法,借此来分析和阐释这个领域所面临的理论问题。这是学科建立和发展的前提。

二、第二语言习得研究发展的路径

第二语言习得研究从发端到现在走过了 40 年的历史。有学者将这 40

年的发展历程大致分为三个阶段,即20世纪50-60年代为第一个阶段,70
年代为第二个阶段,80年代中期至今为第三个阶段。这三个发展阶段比较
清晰地描述了第二语言习得研究的发展路径。

20世纪五六十年代是第二语言习得研究的理论初创阶段。在这个时
期,第二语言习得研究与第二语言教学研究尚未分离。当时占主导地位的
是以行为主义为心理学基础的"对比分析"方法。由于行为主义学习理论遭
到乔姆斯基的激烈批评,对比分析本身在理论和实践上存在许多问题,60年
代后逐渐衰落。

20世纪70年代,第二语言习得研究已经发展成为一个独立的研究领
域。这个时期是第二语言习得研究理论大发展的阶段。对比分析衰落之
后,偏误分析应运而生。第二语言习得研究开始关注学习者的语言偏误,而
不是学习者的母语和目的语。此外,第二语言习得研究不仅关注学习者的
语言偏误,而且开始关注学习者的整个语言系统,由此产生了"中介语"理论
假设。中介语理论把学习者的语言系统看作一个独立的语言系统,这个系
统既不同于学习者的母语系统,也不同于其目的语系统。作为一个独立的
语言系统,中介语有其自身发展的规律。中介语理论假设的提出,使第二语
言习得研究向前迈进了一大步。

在70年代还有两个重要的理论研究和创建,一是以Dulay和Burt为代
表的第二语言习得顺序研究,二是克拉申的"监控模式"。受Roger Brown关
于儿童英语习得顺序研究的启发,Dulay和Burt将习得顺序研究引入第二语
言习得研究领域,引发了一系列的第二语言习得顺序研究。这些研究在当
时的第二语言习得研究领域影响非常大,这些研究的结论至今仍然是第二
语言习得研究领域争论的话题。克拉申的"监控模式"在他20世纪80年代
初发表的一系列文章中不断丰富,在此基础上形成了他关于第二语言习得
的"五个假设",即习得与学习的假设、监控假设、自然顺序假设、输入假设和
情感过滤假设。克拉申的理论假设在第二习得研究领域引起了激烈的争辩
和讨论,尽管如此,他的理论假设在当时仍然被看作是最全面、系统的第二
语言习得研究理论模式。

在70年代还有一个理论值得一提,即Schumann的"文化适应模式"。
关于第二语言习得的基本假设是,第二语言学习者的语言是一种"洋径洪
化"的语言。这种洋径洪化语言与学习者文化适应的程度有关,即语言习得

是文化适应的一部分,文化适应的程度在某种程度上决定了第二语言习得水平发展的程度。Schumann 的文化适应模式反映了第二语言习得研究的社会语言学视角。

20 世纪 80 年代,第二语言习得研究作为一个独立的学科开始逐渐走向成熟。在这个时期,第二语言习得研究受到许多其他学科的影响,由于其他学科的影响,第二语言习得研究形成了不同的发展路径。这些不同的发展路径反映了第二语言习得研究的不同理论视角,构成了第二语言习得研究的跨学科特点。所谓第二语言习得研究的不同发展路径主要体现在以下几个方面:

1. 语言学理论对第二语言习得研究的影响,构成了第二语言习得研究的语言学视角。Ellis 在评价第二语言习得研究的发展趋势时指出,"第二语言习得研究的学者们更加关注语言学理论。最为明显的是,许多第二语言习得研究建立在乔姆斯基普遍语法理论模式的基础之上,有些研究则建立在语言功能模式以及语言类型学的基础之上。"在上述语言学理论中,乔姆斯基的普遍语法理论对第二语言习得研究产生的影响最大。在这一理论的影响下,基于普遍语法理论和研究范式的第二语言习得研究形成了鲜明的研究特色。

2. 社会语言学及其研究范式对第二语言习得研究的影响,构成了第二语言习得研究的社会语言学视角。早期的第二语言习得研究主要从心理语言学的角度研究第二语言学习者的语言系统。而在 20 世纪 80 年代,由于社会语言学理论的影响,第二语言习得研究越来越关注社会因素对第二语言学习者语言习得的影响。比如,在 Labov 语言变异研究范式的影响下,Torane 对第二语言学习者语言变异现象进行了系统的研究,提出了第二语言学习者的中介语——"风格连续体"的理论模式。此外,还有 Schumann"文化适应"理论模式,以及 Giles 等人的"社会身份理论"研究等。虽然这三项研究模式所依据的理论和研究方法不尽相同,但共同点都是从社会语言学的角度探讨社会因素对第二语言习得的影响。

3. 认知科学对第二语言习得研究的影响构成了第二语言习得研究的认知视角。第二语言习得研究的认知视角,主要是指那些基于认知加工理论框架的第二语言习得研究。近些年来,认知科学对第二语言习得研究领域的影响越来越大。基于认知理论的第二语言习得研究主要包括 Anderson 提出的"思维适应性控制模型"、McLaughlin 提出的"信息加工模式"和 Mac-Whinney 提出的"竞争模式"。与基于语言学视角的第二语言习得研究不同的是,这些研究基于这样一个理论前提,即不承认人的大脑中存在一个抽象的、特定的语言习得机制。这些学者们认为,语言习得机制与人的一般认知机制没有什么区别。因此,基于认知视角的第二语言习得研究与基于语言学视角的第二语言习得研究在理论方法上有很大的不同。

近些年来,其他学科对第二语言习得的影响越来越大,在这些学科的影响下,第二语言习得研究出现了一些新的研究领域。"联结主义理论"是20世纪80年代复兴的、基于神经心理学框架的一种新的认知理论。这种理论将人的心理比作大脑,而不是比作计算机。因此,联结主义是从神经层面来解释人大脑的认知机制。在理论取向上与信息加工理论完全不同。在这一理论的影响下,基于联结主义人工神经网络的语言习得与认知的模拟研究方兴未艾。

4.第二语言习得研究的社会文化视角。"社会文化学习理论"是苏联心理学家维果茨基提出的。他的学说被译成英文后在语言习得研究领域产生了很大的影响。社会文化学习理论强调社会文化与交际在语言习得与认知过程中的重要作用。按照这种理论,第二语言习得被看作在社会交际中由"系统发生"到"个体发生"的过程。换句话说,第二语言习得过程是由社会化到学习者个体内在心理机能获得的过程。与社会文化视角相关的第二语言习得研究还包括 Bakhtin 的"对话理论"以及"批评理论"。这些理论视角的共同点都是强调社会文化环境在语言习得与认知发展中的重要作用,强调语言习得的社会性和交互性。

上述第二语言习得研究的不同视角,构成了第二语言习得研究发展的不同道路。这些学科的影响使第二语言习得研究成为一个多学科、多视角的研究领域。从不同的理论视角探索第二语言习得的过程和机制,将使第二语言习得研究的理论创建更加丰富,从而进一步推动跨学科的第二语言习得研究的理论发展。

三、汉语作为第二语言的习得研究

汉语作为第二语言的习得研究作为整个第二语言习得研究领域的一个分支,建立相对比较晚,历史也比较短。学者们一般认为,汉语作为第二语言的习得研究始于20世纪80年代初。1984年,鲁健骥在《中介语理论与外国人学习汉语的语音偏误分析》这篇文章中,将第二语言学习者的语言"偏误"和"中介语"的概念引入对外汉语教学领域。之后,汉语作为第二语言的习得研究成为对外汉语教学研究的一个新领域。这个新领域从发端到现在已经走过20多年的历史。20多年来,汉语习得研究的发展,概括地说,经历了"三个阶段",即80年代的汉语习得研究、90年代的汉语习得研究、90年代后的汉语习得研究。这三个时期的汉语习得研究呈现出不同的特点。此外,汉语习得研究现在是"两条战线",即国内的汉语习得研究和海外的汉语习得研究。这两条汉语习得研究的战线交织在一起,互相促进,呈现出蓬勃发展的局面。

(一)20世纪80年代的汉语习得研究

20世纪80年代初,汉语习得研究还没有引起对外汉语教学界足够的重视。在1985年召开的第一届国际汉语教学讨论会上提交的170余篇论文中,几乎没有涉及汉语习得研究的文章。直到80年代中期,鲁健骥发表的关于外国学生汉语偏误分析的研究报告,引起了对外汉语教学界学者们的关注。此后,来华留学生汉语偏误分析成为汉语习得研究的第一个研究领域。这个时期的偏误分析主要是零散的研究报告。这些研究对来华留学生汉语习得过程中出现的语言偏误进行描写和分析。偏误分析主要涉及留学生习得汉语语音、词汇、语法以及阅读理解等方面的偏误。汉语偏误分析为观察汉语学习者汉语习得过程打开了一个窗口。尽管观察的范围有限,但仍然可以发现某些规律性的现象。1986年佟惠君编著的《外国人学汉语病句分析》出版。该书收集了七个母语背景的留学生汉语习得的病句2020句,并按问题的性质分门别类进行了梳理和分析。这是当时最为全面、系统的汉语偏误分析专著。然而,80年代的偏误分析,基本上是建立在学习者的偏误与目的语之间对比的基础上,这种基于结果的偏误分析难以系统考察学习者的习得过程,难以解释学习者汉语偏误产生的复杂原因。

(二)20世纪90年代的汉语习得研究

20世纪90年代,汉语习得研究引起了对外汉语教学领域学者们的高度重视。1992年5月,《世界汉语教学》编辑部、《语言教学与研究》编辑部以及《语言文字应用》编辑部联合召开了"语言学习理论研究座谈会"。会议邀请了语言学、心理学、语言教学等各个领域的专家共同探讨汉语习得研究问题。这次座谈会旨在推动国内汉语作为第二语言的习得研究。会后,三个杂志陆续发表了学者们关于第二语言习得研究理论探讨的学术报告,极大地促进了汉语作为第二语言的习得研究的发展。这个时期,汉语习得研究主要集中在三个方面:偏误分析、中介语研究、习得过程研究。

20世纪90年代,汉语偏误分析是汉语习得研究成果最丰富的研究领域。与80年代相比,90年代偏误分析的范围进一步拓宽。偏误分析不仅涉及汉语的语音、词汇、语法层面,而且还涉及汉语的语用层面、话语分析层面。因此,90年代汉语偏误分析是汉语习得研究最密集的研究领域。相比较而言,这一时期的汉语偏误分析主要是语法偏误分析。李大忠的《外国人学汉语语法偏误分析》一书集中地体现了这一时期外国学生汉语语法偏误共时研究的特点。这些共时研究的着眼点主要是为汉语教学提供参考,而不是系统考察学习者的习得过程。

20世纪90年代汉语习得研究的另一个研究领域是中介语理论的引介与理论探讨。1992年"语言学习理论研究座谈会"之后,学者们发表了一系列的引进与介绍中介语理论的文章。这些文章对中介语理论进行了比较深入的探讨。中介语理论的引进,推动了对外汉语教学领域基于中介语理论的研究。中介语理论的引进与探讨,拓宽了汉语习得研究的理论视野,汉语习得研究从此逐渐成为一个独立的研究领域。

随着国外第二语言习得研究理论的不断引进以及汉语习得研究的发展,20世纪90年代的汉语习得过程研究逐渐形成了一个新的研究领域,即基于汉语本身特点的习得过程研究。如,汉语动态助词"了"的习得过程研究;汉语否定结构的习得过程研究等。这一时期的汉语习得过程研究主要集中在语法层面,与此同时,汉语语音习得过程的研究也崭露头角,如,基于实验语音学方法的汉语声调习得研究,以及不同国别的汉语学习者习得汉语语音难点与中介音类型的系统研究。总之,90年代汉语习得过程研究成为汉语习得研究独具特色的研究领域。到目前为止,这仍然是汉语习得研究的主要研究领域。

(三)20世纪90年代后的汉语习得研究

20世纪90年代后,特别是近10年,是汉语习得研究大发展的时期。这个时期的汉语习得研究成果无论在数量还是质量上都要超过90年代前的研究,在研究的深度与广度上也都是10年前的研究所不能比拟的。2006年商务印书馆出版的汉语习得研究专辑《汉语作为第二语言的学习者语言系统研究》《汉语作为第二语言的学习者习得过程研究》《汉语作为第二语言的学习者与汉语认知研究》集中地体现了这一时期汉语习得研究的新成果和新发展,同时也反映了这一时期汉语习得研究的主要研究领域。

关于第二语言学习者的语言系统研究,主要包括两个方面:一是偏误分析,二是关于中介语的研究。20 世纪 90 年代后,偏误分析的研究领域仍然是汉语语音、词汇、语法、语篇这些层面。此外,汉语学习者汉字偏误分析成为这个时期偏误分析的一个热点。这个时期偏误分析主要有三个特点:一是,偏误分析研究的范围不断扩大,涉及汉语研究的所有层面;二是汉语偏误分析的理论视野不断开阔;三是汉语偏误分析在研究方法上有所创新,即偏误分析与语料库和实证方法相结合,在某种程度上弥补了偏误分析本身在研究方法上的不足。这一时期的另一方面研究是关于中介语的研究。相比较而言,这一时期的汉语中介语研究虽然在研究领域上有所拓宽,但研究的水平仍然停留在国外早期中介语理论研究的阶段。这主要是因为,第二语言习得理论的大量引进,中介语理论不再是汉语习得研究的热点。

20 世纪 90 年代后的汉语习得过程研究依然是汉语习得研究的主要研究领域。这个时期的汉语语法习得过程研究仍然是研究的热点。与 20 世纪 90 年代相比,这个时期汉语习得过程研究的新进展主要表现在汉语语音和汉语词汇习得过程研究领域。这两个研究领域有两个特点:一是以理论为导向;二是基于实验研究。这些研究不再是简单的过程描写或基于经验的、枚举式的过程阐释。这表明汉语习得研究质量的提高。

20 世纪 90 年代后的汉语习得研究的另一新领域是关于学习者本身的研究。这个研究领域在 20 世纪 90 年代前几乎是空白。关于学习者本身的研究主要包括两个方面:一是汉语学习者的策略研究,如汉语学习者的学习策略和交际策略研究、汉字学习策略研究;二是关于汉语学习者汉语习得个体差异因素的研究,如第二语言学习者态度或动机的研究,学习者语言能力倾向研究以及学习焦虑因素研究。

除上述研究外,汉语认知研究是 20 世纪 90 年代后汉语习得研究一个重要领域。由于认知科学,特别是认知心理学对第二语言习得的影响,第二语言学习者的汉语认知研究取得了许多重要成果。这个领域的研究主要包括汉语语音认知研究、汉语词汇认知研究和汉字认知研究。其中,汉字认知研究的成果最为丰富。第二语言学习者的汉字认知研究主要包括三个方面:

一是关于第二语言学习者心理词典表征结构的研究;二是形音信息在第二语言学习者汉字认知过程中作用的研究;三是关于第二语言学习者正字法意识发展的研究。总之,汉语认知研究成为汉语习得研究最能体现汉语习得研究特色的研究领域。

在 20 世纪 90 年代后的汉语习得研究中,海外汉语习得研究成为汉语习得研究领域的一个重要的组成部分。海外汉语习得研究虽然起步比较早,但其发展和繁荣也是近 20 年的事。纵观海外汉语习得研究的发展历程,海外汉语习得研究与国内的汉语习得研究在研究领域上有许多共同之处。首先,海外汉语习得研究比较集中的研究海外汉语学习者汉语语音、词汇、语法以及语用的习得研究。在语音习得研究领域,学者们主要关注的是汉语声调的习得。汉字习得研究领域也是海外汉语习得研究最为关注的领域,主要包括汉语学习者汉字识别机能发展的研究;汉字部首与汉字学习关系的研究;汉字识别与汉字书写的关系研究;词语读音与识别词语意义的关系;汉语学习策略与汉字学习成效的关系;汉字识别与书写能力的关系研究。汉语语法习得研究也是一个重要的研究领域,主要包括汉语中某些与印欧语系有较大差别的语法现象,如话题结构研究,零型代词习得研究,动态助词习得研究,还有“把”字句、量词、语气词以及语序习得研究。近十几年来,海外汉语习得研究成果颇丰,随着海外汉语习得研究学者的加盟,也大大推进了汉语习得研究的发展进程。

综上所述,汉语习得研究从初创到发展,短短的二十几年,发展迅速。特别是近 10 年的汉语习得研究蓬勃发展。有学者认为,近 10 年汉语习得研究呈现出一些新特点,一是东西合流,汉语习得研究形成合力;二是关注理论建树,关注学科发展;三是注重实验研究,促进研究方法创新。我们期望在不久的将来,海内外汉语习得研究将成为整个第二语言习得研究的重要组成部分。

第二章　第二语言习得理论分析

第一节　第二语言习得与第一语言习得

在大多数情况下,第二语言学习者是在掌握了第一语言之后学习第二语言的。第二语言习得与第一语言习得同属于语言习得,它们之间既有共同点,也有不同点,了解两种语言习得之间的异同和相互关系,可以揭示第二语言习得的特点。

一、第一语言习得

(一)儿童语言习得的阶段

每个人不管其出生地何处,家庭环境怎样,出生后所接触的语言是什么,智力发展水平怎样,几乎在儿童时期都能习得语言,且习得语言的过程大致一致。

一般认为,儿童习得语言的过程可以分为以下几个阶段:

1. 呢喃语阶段

婴儿出生后半年至 1 岁左右,能自言自语似地发出不一定表示意义的各种声音,这个阶段也就是通常所说的"咿呀学语阶段"。这时的婴儿已能理解大人的一些面部表情和语调。如果大人对他大声呵斥,他就会嚎啕大哭。这时的婴儿也能够对大人的某些手势或简单的指令做出反应。当大人对他挥手,或者说"笑一笑""摆摆手",他也会做出相应的动作。

2. 单词句阶段

儿童开始说话的时间有早有迟,早的为 10 个月,晚的要到 1 岁半,最迟的是 2 岁前后。多数情况下女孩较早,男孩较迟。单词句阶段通常延续半年时间。在这一阶段,儿童说出的句子由一个单词构成,随语境的不同可以表示多种意义。例如"球球"在幼儿的语言中可以表示"我要皮球""这是皮球""皮球在滚动",等等。

3. 电报句阶段

约 2 岁半以后,儿童进入所谓"电报句阶段"。电报句指的是只用实词不用虚词组成的句子,字数可以超过两个。例如:"Truck go floor"等。这种句子和成人打的电报相仿。在这个阶段,儿童开始掌握语言的语法系统,往往出现语法过度概括现象。"妈妈鞋"可以表示"这是妈妈的鞋子",也可以表示"妈妈我要穿鞋子""妈妈的鞋子在这儿""妈妈刚买的鞋子"等等。

4. 完整句阶段

大约 5 岁以后,儿童进入完整句阶段。这时幼儿习得语言的过程已基本完成,虽然他们掌握的词汇还为数有限,但基本的语法已经掌握,已经能够分辨正确的表达方法和错误的表达方法,能区别语句的同义关系和歧义关系。这时,幼儿对语言的运用已不限于表示眼前的事物。他们已经能够谈论以前发生的事情,也能谈论他们计划要做的事情,甚至谈论一些实际上并不存在的事情。

(二)儿童语言词义的发展

词义的理解是儿童正确使用语言和理解语言的基础,是语言发展中极为重要的方面。儿童获得词义的过程比获得语音、句法的过程缓慢。严格地说,词义的发展将贯穿于人的一生。

儿童如何逐步获得词义的问题,近年来已受到研究者的重视。下面简单介绍一些词类的词义发展特点:

1. 普通名词

(1)中等概括

同一个物体往往可用不同概括水平的名词来称呼,如可将狗称为"动物""狗""猎狗""狼狗"等。儿童用词的特点是倾向于用中等概括水平的词,如用"狗"称呼而不用更为概括的"动物"或更为专门的"猎狗"。

(2)范围扩张

在儿童早期词汇中普遍表现出词的使用范围的扩张。或以物体的外部特征,或以物体的动作和功能为根据,根据儿童对事物的认识进行扩张。

对于扩张产生的原因,解释一是"语义特征"说。克拉申就认为,成人理解一个词的意义,可以分成很多特征,有些特征是一般的特征,有些是特殊的特征。儿童学习词时不是一下子掌握词是全部特征,他们把某些特征当成词义来理解,这样词的使用范围就会扩张。

(3)范围缩小

在儿童词义发展中,还有一种与扩张相反的情况,即词的使用范围缩小。如"桌子"一词单指自己家里的方桌,"妈妈"则仅指自己的妈妈。而对某些概括程度较高的词如"动物""蔬菜"等,往往只用于该范畴中最典型的对象。如把"狗"和"猫"称为"动物"而不承认蝴蝶也属"动物"。这是由于儿童对某类事物的认识尚未达到适当的认知水平。

词的使用范围的扩张和缩小在2-6岁儿童中普遍存在。随着年龄增长、知识增加和认知发展,对具体名词词义的理解日趋完善,但理解抽象名词的词义尚须时日。

2.动词

2岁左右的孩子所使用的语言,其主要意思是指示该事物的机能或行为。调查结果显示,动词词量占了学龄前儿童词汇总量的20%。

3-6岁学前儿童的常用动词词汇有三类:一类反映人物动作和行为,一类反映人物心理活动和道德行为,一类反映趋向和能愿等活动和行为。

反映人物动作和行为的词汇量,在学龄前期的各个年龄阶段,均占各该年龄动词词汇总量的80%以上,是学龄前儿童动词词汇的最主要的组成部分。通过感官能够直接感受的动作和行为,最易为学前儿童所注意和察觉,因而代表这类动作和行为的词汇,也最易于为他们所理解、接受、巩固和运用。它充分体现了具体形象思维占主导地位的学龄前儿童的年龄特点。

各类动词的词汇内容有其自身的发展规律,也有其相通的共性。学龄前儿童活动范围的不断扩大,行为所作用的对象逐渐增多,动作的目的日益多样,观察和注意等心理水平的不断提高,直接影响动词词汇内容的范围和质量。

学龄前期最初阶段,动词常用词汇的含义比较笼统。4岁以后,含义指向比较确切的词汇随着年龄而不断增加。譬如,表达动的意义,从4岁前的词汇"动",进一步明确为"走动""移动""挪动"。表达给的意思,从4岁前的词汇"给",进一步明确为"交给""传给""丢给""递给"等具有更加明确意义的词汇。

反映心理活动和道德行为的动词词汇,4岁前儿童常用的有"喜欢""生气""想""忘记""帮助"等,含义直接、单一、笼统。4岁以后所增加的该类词汇,不但含义确切,而且形式多样,表现含蓄,如"爱护""爱惜""关心""回忆""想念""怀念""打算"等。

至于反映趋向和能愿等活动和行为的词汇,在整个学龄前期,主要为在少数中心词的基础上不断扩展的形式,其内容逐步丰富多样。例如"来"和"去",是趋向动词的中心词。在4岁以前,以单独出现的情况居多。4岁以后,由于儿童空间方位概念的发展,便得到了扩展。

双音词和叠音词的逐渐增多,致使动词词汇更加生动,也是学龄前期动词词汇内容逐渐发展的一个明显标志。

总之,学前儿童的动词词汇是以差异显著的大幅度增长率逐年增加的,并且是以内容的进一步明确和使用形式的多样化为特点向前发展的。

3.形容词

2岁至6岁半儿童使用形容词的数量随年龄增长而增长,从4岁半开始增长较快。

儿童使用形容词发展过程有如下特点:

(1)从特征描述词到情境描述词

儿童最早使用的是描述物体特征的形容词。其中颜色词出现较早,其顺序大致为:(a)红→(b)黑、白、绿、黄、(c)蓝→(d)紫、灰→(e)棕。其次使用的是描述味觉、温度觉和机体觉的形容词。在描述味觉的词中,出现顺序依次为:(a)甜→(b)咸、苦→(C)酸→(d)辣。描述温度觉的词出现顺序依次为:(a)烫→(b)热和冷→(c)凉。描述机体觉的词出现顺序依次为:(a)痛、饱、饿→(b)痒、馋。接着使用的是描述动作(快、慢、轻轻地)和人体外形的词(胖、瘦、老年、年轻、高、矮)。最迟使用的是描述情感及个性品质的词(高兴、快乐、好、凶、坏、认真、勇敢)和描述事件情境的词(便当、危险、难)。

从出现频率看,凡使用越早的词其出现频率也就越高,反之亦然。

(2)从单一特征词到复杂特征词

以人体外形特征中"胖—瘦"与"老—年轻"两对形容词为例,前者3岁半就能使用,后者则到4岁半、5岁半才先后能使用,"胖—瘦"是单一的特征,而"老—年轻"则是人的外形的多种特征的综合。

(3)从方言词汇到普通话词汇

在同义词中,幼儿往往先使用方言词汇,然后使用普通话口语词汇,最后才使用书面或接近于书面语言的词汇。有些方言词在年幼时使用,随年龄增长,幼儿学会讲普通话后就逐渐少用或不用了。

(4)从简单形式到复杂形式

简单形式是形容词的基本形式,如单音形容词和一般双音节形容词。复杂形式包括形容词重叠式,加语素于基本形容词前后,中间嵌入数字或配音字的短语形式。儿童在语言发展过程中一般先学会使用形容词的简单形式,而复杂形式往往要很久以后才能习得。

中国儿童获得空间维度形容词的情况:

1)空间维度形容词"大/小、长/短、高/低"等的获得有一定的顺序。中国儿童获得顺序为:(a)大、小→(b)高矮、长短→(c)粗、细→(d)高、低→(e)厚薄、宽窄。这一顺序和国外研究的结果大同小异。这种获得顺序的普遍性可能取决于两个因素:一是形容词词义的复杂性,二是形容词在成人和儿童语言中的出现频率。

2)成对的两个形容词不一定同时获得。成对的形容词表现出两极性的特点,一端为积极形容词,另一端为消极形容词。如在"大/小、高/矮、长了短"中,"大、高、长"为积极词,"小、矮、短"为消极词。儿童先习得积极的一方。其原因有:第一,按照标记理论,积极形容词往往是无标记的,消极形容词则往往是有标记的,儿童最先获得的是无标记的形容词;第二,无标记项的频率高于有标记项,因此儿童对接触这些词的频率有差别。

3)儿童在词汇发展过程中容易发生不同维度形容词的混淆,如:以"大"代"高",以"小"代"短",以"短"代"矮"等。

4. 时间词

对表示时间阶段的时间名词,3-6岁儿童先理解"今天、昨天、明天",然后向更小的阶段和更大的阶段逐步发展,到6岁已全部掌握。对"正在"、"已经"、"就要"这三个常用副词,先理解"正在",然后理解"已经",最后为"就要",以现在为起点,逐步向过去和将来延伸。

单一的时间"先、后"比合成时间词"以前、以后"先掌握。另外,同一个词由于语境不同,儿童在理解上有难易之别。

5. 空间方位词

儿童获得空间方位词的过程体现了一个逐渐分化的过程。儿童最初把几个表示不同维度的词混淆在一起,之后逐渐分化出表示各个维度的空间词,最后又在各个维度表示相反方位的词之间分化。

6.指示代词

我国的有关研究发现,幼儿对"这""这边""那""那边"的理解没有先后差异。但是,语言情景及儿童的自我中心对指示代词的理解具有明显的影响。研究表明:幼儿真正掌握这两对指示代词在各种语言环境中的相对指称意义有较大困难,即使7岁组的儿童,在和说话者面对面时,对四种指示代词的理解正确率还是很低。

7.人称代词

人称代词中的"我""你""他",以及与之相对应的物主代词"我的""你的""他的"的所指意义和一般名词不同,具有明显的相对性,需随语言环境和交谈者角色(说话者、受话者、第三者)的变化而变化。

我国学者考察了儿童在各种情境下对人称代词的理解,结果表明:幼儿不论其作为其他三人交谈的旁观者或是自身实际参加三人交谈,充当受话者和第三者的角色,都对"我"理解最好,"你"次之,"他"最差。特别是在自身参加交谈充当第三者时,即使是5岁半左右的儿童也难以理解别人所说的"他"就是指自己。

8.量词

量词是表示事物或动作单位的词。它按表示事物单位和表示动作单位的不同而分成物量词和动量词两大类。物量词又可根据其使用特点分成个体量词、临时量词和集合量词等。

量词运用的普遍化和多样化是汉语的一大特点。我国已有研究表明,各年龄儿童对三类量词的掌握是不平衡的,表现出一定的发展顺序。四五岁儿童最初掌握的是个体量词,其次为临时量词和集合量词。

物量词的使用必须遵从"数词 + 量词 + 名词"的公式。三四岁儿童仅能使用少量高频量词"只""个",并表现出对它们的过度概括。他们尚未对量词和名词的搭配加以注意。

6岁儿童已能初步根据事物的共同特征进行分类,因此不少儿童就根据事物的类别标准来选择量词。如把"车""飞机"等统统以"辆"计量,因为都是交通工具。

7岁儿童开始认识事物间的简单关系,说明已掌握了临时量词的使用规则,因而能正确地选择相应的量词。

（三）儿童语言的获得理论

儿童能在短短的几年内掌握复杂的语言系统,似乎并不费力,心理学家感到十分惊奇并表现出很大的兴趣。为了解释这种现象,他们提出了各种理论。由于学者们对这些问题所做的解释不同而形成了各种关于语言获得的观点和理论。至今,有关儿童如何获得语言的问题仍然是一个热门话题。各种理论存在的分歧,主要表现在对语言规则系统获得的解释不同上。影响最大的有三派理论,每一派中又有各种不同的分支。

1. 环境论

环境论者强调环境和学习对语言获得的决定性影响。环境论有以下几种:

（1）模仿说

模仿说认为儿童学习语言是对成人语言的模仿,儿童的语言是成人语言的简单翻版。

这种观点在20世纪20年代到50年代之间一直很流行。研究者看到成长着的儿童的语言与成人的语言越来越相似,就把这种结果归于模仿。这种研究存在明显的问题,就是将结果和过程混淆起来,以儿童习得语言的结果代替习得语言的过程。自乔姆斯基(N. Chomsky)对行为主义的语言学习理论提出批评,并强调儿童在语言获得过程中的主动性和创造性以后,模仿在语言获得中的作用问题引起了争论。

1）许多事实证明,如果要求儿童模仿的某种语法结构和儿童已有的语法水平距离较大时,即使反复模仿也无济于事。儿童总是用自己已有的句法形式去改变示范句的句型,或顽固地坚持自己原有的句型。

2）儿童经常在没有模仿范型的情况下产生和理解许多新句子。而且按语言能力的发展顺序来说,理解总是先于产生,即在儿童能说出某类句子之前,已能理解该类句子,也就是说理解是产生的基础。还有一些儿童因特殊原因从小就不能说话,却能正常地理解别人的语言。

（2）强化说

从巴甫洛夫的经典条件反射学说和两种信号系统学说到斯金纳的操作性条件反射学说,都认为语言的发展是一系列刺激反应的连锁和结合。斯金纳在其《言语行为》一书中提出了两个主要论点:

1）主张对言语行为进行“功能分析”。认为环境因素,即当场受到的刺激和强化历程,对言语行为的形成和发展具有决定性影响,主张对言语行为进行"功能分析",即辨别控制言语行为的各种变量,详述这些变量如何相互作用来决定言语反应。

2)强化是语言学习的必要条件,也是使成人的言语反应继续发生的必要条件。强化刺激的出现频率、出现方式,对于言语行为的形成和巩固非常重要。

斯金纳1957年在《言语行为》一书中广泛应用"强化"一词来解释各种言语行为,并提出"自动的自我强化"这一概念。下面是他提出的"自我强化"的一些例子。如"一个幼儿听到别人的话之后,独立在别处发出同样的声音,就会自动地强化自己的那个试探性的言语行为","一个孩子模仿飞机、电车等的声音,会自动地受到强化"。

斯金纳在《关于行为主义》中,特别强调用"强化依随"的概念来解释各种行为(包括言语行为)的形成过程。强化依随是指强化的刺激紧跟在言语行为之后,它有两个主要的特点:

①最初被强化的是个体偶然发生的动作。如婴儿偶然发出[ma]声,母亲就笑着来抱他,抚摸他并答应他等。反应和强化之间只是一种时间上的关系,并非"目的"或"意志"的作用。

②强化依随的程序是渐进的。若要儿童学习一个复杂句子,不必等待他碰巧说出这句话以后才给予强化,只需他所说的稍微接近那个句子就给予强化,然后再强化更加接近该句的话语,通过这种逐步接近的强化方法,儿童最终能学会非常复杂的句子。

"刺激—反应"链和强化学说对语言学界和心理学界都曾产生过很大影响,但从20世纪60年代开始,越来越多地受到批评。主要批评意见如下:

第一,斯金纳的这些话所根据的不是实际的观察,而是从对较低级的动物做实验后得出的类比。乔姆斯基认为,人类社会的语言行为和实验室里的动物"行为"不同,"刺激""反应""强化"等是拿动物做实验得来的、有严格定义的概念,不能把它推广引用到言语行为的研究。

第二,强化既是渐进的、累积的过程,就意味着在儿童语言发展中不会出现突变,这将如何解释儿童在短短几年内迅速获得听、说本族语言能力的事实? 与此相联系,按强化说,儿童在学话过程中,受到强化的是一个个语句,而非语法规则。但真正促进儿童语言迅速发展的却正是一系列语法规则。

第三,罗杰·布朗等观察记录了成人和儿童的交谈情况,发现成人通常对儿童语句中的语法错误并不介意,关心的是语句内容的真实性,只要内容真实,即使语法错误,也会得到强化,这种强化如何解释儿童语言最终向成人语言发展? 人的语言具有独自的特点,如创造性。

(3)社会交往说

社会交往说认为儿童不是在隔离的环境中学语言,而是在和成人的语言交往实践中学习。J. 布鲁纳等人认为,和成人语言的交流是儿童获得语言的决定性因素。儿童在发出第一个词之前很久就已经学到了和成人做非语言交流的规则。他们知道怎样使自己的需求被照看的人所理解,如用手势、姿势等;他们也能理解照看他的人的意图。这种前语言的交往框架,已为获得语言做了准备。成人常用手指点某个物体以引起七八个月内婴儿的注意,之后不久,婴儿也能用指点的姿势作为早期交流的方式。

如果从小儿童就无与成人语言交流的机会,儿童就不可能学会说话。有研究发现,一名听力正常而父母聋哑的儿童,由于父母身体不好,不能让他外出,他就整天在家里通过看电视学习正常人的语言。由于他只是单向的听,没有语言交流实践,最终没有学会口语,而只能使用从父母那里学来的手势语。

2. 先天论

先天论否定环境和学习是语言获得的因素,强调先天禀赋的作用。

(1)先天语言能力说

先天语言能力说,主要是由乔姆斯基提出的。他认为,决定人类幼儿能够说话的因素不是经验和学习,而是先天遗传的语言能力,这里的"语言能力"指的是语言知识,即普遍的语法知识。乔姆斯基驳斥经验和学习理论的根据如下:

1)儿童获得语言的过程在 4 岁内就能完成。在如此有限的时间内掌握本族语的基本语法现象,不可能是归纳过程的结果。因为属于一个语言集体的每一个幼儿都获得同一种语言,而且各族儿童获得语言的顺序都基本相同,即单词语→双词语→简单句→复杂句。这证明不是每个儿童自己进行归纳的结果。

2)语言是一个有高度组织性的抽象规则系统。这是人类先天具有的普遍语法能力,亦即先天的普遍语法知识。这种先天的语言能力,即是对语言语法的了解。知识不是经验的结果,而是经验的前提。这些普遍规则并非一定存在于所有语言之中,也不能直接生成任何语言的句子。但是,每一种语言似乎都会从这些规则的可能的组合中做出自己的选择。它可以规定和描写人类个别语言的语法,能够规定各种人类语言的句子应该如何构造、如何理解。

3)语言的获得过程就是由普遍语法向个别语法转化的过程。这个转化是由语言获得装置(LAD)实现的。语言获得装置是以生来就有的普遍语法作根据,对具体的少数语言素材——输入的本族语言素材,提出一些初步的语法假设,然后再将这些假设逐个和具体素材的结构加以匹配和检验,接受彼此相合的假设,修改不符合的假设或重新建立新的假设,最后建成一套个别语法系统。这个过程是儿童自己完成的,并非周围使用语言的人所强加的,但儿童对此过程并不能意识到。所以,乔姆斯基认为儿童生来就是语言学家,获得语言的过程就是由普遍语法向个别语法的发展获得的。此过程即 LAD 过程。

二、第二语言习得与第一语言习得的共同点

(一)主观、客观条件

两种语言习得都必须具备一定的主观条件和客观条件。任何语言习得都是学习者主体与客观环境相互作用的结果,不论是第一语言的习得还是第二语言的习得,概莫能外。语言习得的主体是人,作为主观条件时,主体必须具备健全的大脑和语言器官,如果大脑受损伤或发声器官、视听器官有缺陷,语言习得都会受到影响。聋哑人一般在生理上不具备学习听或说的条件,大脑不健全或损伤、病变也会给语言习得带来严重的影响,甚至完全丧失习得语言的能力。

主体作为客观条件时,必须具备一定的语言环境。人具有先天的习得语言的能力,但语言的获得却是后天通过与环境的作用而实现的。语言习得是学习者主体和客观环境相互作用的结果。研究表明,儿童生下来具有学习任何语言的能力,这种能力是天生的,咿呀学语阶段,各语种儿童的发声并没有多大差异。然而,在以后几年的生活里,生活在英语环境中的儿童学会了英语,而生活在汉语环境中的儿童却学会了汉语,这就显示出后天语言环境的影响。狼孩由于与人的语言环境隔绝,虽然有先天的习得语言的

能力,但也无法获得语言。

（二）习得语言要素

两种语言习得都需要习得语音、词汇和语法,并学习语言语用规则。

语音是语言的物质外壳,是语言的外部形式,语言中的任何词和语法形式都是依靠语音这种物质材料而存在的。有了语音,语言才能更好地为人们所感知,语言才能更多地发挥交际工具的作用。要习得一种语言却不习得语音,就获得不了听和说的能力,语言对学习者而言也就成了哑巴语言。除聋哑儿童外,一个健康的儿童在语言环境中至少能获得一种语言的语音。在第二语言的习得者中,许多人所习得的第二语言也许会是"哑巴语言",这由他们的学习动机与学习目的决定。语言具有交际的功能,习得语音是进行言语交际的必要条件。所以,如果第二语言的学习者在习得过程中不习得语音,那么,他就不可能获得第二语言的全部功能。

词汇是语言的建筑材料,没有建筑材料是不能建成建筑物的。因此,我们说没有词汇就没有语言,不习得词汇也就不能习得语言。

语法是词形变化法和句法规则的总和,词汇只有通过语法规则组织起来,才能表达人类的思想。没有语法规则的语言是不存在的。语法是人类思维长期抽象化工作的成果,它是人类思维规律和逻辑关系的反映。例如,"你写了作业了吗?""你写作业了吗?",不同的"了"表示什么样的意义,什么时候用,什么时候不用,不管是第一语言习得还是第二语言习得,这些都是必须学习的。

同样,因为语言是交际工具,所以习得语言的目的都是为了交际。两种语言习得都是为了培养语言交际能力。儿童习得母语是为了满足生存和认识周围世界、进行交际活动的需要,成人习得第二语言也是为了从听、说、读、写方面运用目的语进行交际。语言除了受语言规则的制约以外,还要受语用规则和所学语言集团的文化的制约。

所以,语言受两套规则系统制约,一是语言规则系统,一是语用规则系统。语言规则系统保证了语言的正确性,语用规则系统保证了语言使用的得体性。

（三）经过一定阶段

习得一种言语现象都需要经过感知、理解、模仿、记忆、巩固和运用等几个过程。

感知就是听到或看到,这是学习一种言语现象的前提条件。

理解就是懂得感知的言语现象,就是明白这种言语现象的形式结构和语义结构。这是习得一种言语现象的前提条件。无论是学习第一语言还是学习第二语言,不理解的言语现象一般是学不会的,即使暂时学会了,也不能算真正习得了这种言语现象。

模仿就是照着某种样子做。幼儿开始学习语言的时候,首先是重复别人的话,别人怎样说,自己也跟着这样说,这就是模仿。同样,学习第二语言也需要模仿,主要是模仿老师的发音和话语,模仿课本上的话语。老师发一个音,学生跟着发;老师说一个字词或一个句子,学生跟着说;照老师说的句子或课本上写的句子造一个同样类型的句子,等等,都属于模仿。

能够理解和模仿的言语现象不一定能够记住,如果记不住,还是不算学会。曾经有过这样的情况:上课时老师指着一个学生旁边的一个学生:"他在你的哪边?"那个学生回答说:"他在我的上边。"听到别人大笑,他马上改口说:"他在我的下边。"最后又说:"他在我的里边。"这里的错误就是记忆上的问题,分不清"左边、右边、上边、下边、里边"的不同的意思。由此可见,记忆也是习得一种言语现象的必要条件。

记忆有长时记忆和短时记忆之分,短时记忆很容易被遗忘。在这里可以使用巩固的方法。所谓巩固,就是使短时记忆发展为长时记忆。巩固的主要方法是反复练习和运用。

运用就是把学过的言语现象用于交际。这既是学习语言的目的,也是巩固所学言语现象和最终习得所学语言的一种手段。也就是说,学习语言是为了运用,也只有通过运用才能把"学习"转化为"习得"。幼儿之所以能学会第一语言,原因之一就是他们总是在不停地运用学到的言语。学习第二语言也要经常运用。运用往往不是照搬已经学过的句子,而是把学过的语言知识和语用知识综合起来,进行灵活运用。因此,运用也必须活用。

三、第二语言习得与第一语言习得的不同点

(一)学习能力不同

两种习得学习者年龄不同,年龄的差异表现为认知能力的差异。这种认知能力的不同是造成第二语言习得与第一语言习得差异的重要原因。

认知是个体对客观世界的认识。人的认知主要包括他的高级的且属于智力性质的心理过程,诸如思维、想象、创造、智力、推理、概念化、计划与策

略的制定、问题的解决等。较广义地讲，它也包括注意、记忆、学习、知觉以至有组织的运动、人在社会交往中与个体认知中所使用的言语等。一般认为，人的认知能力主要包括观察能力、记忆能力、思维能力、想象能力、注意能力，其中思维能力是核心。

人的认知能力是不断发展的。由于第二语言习得在习得顺序上晚于第一语言习得，它的学习者一般是年龄大些的儿童、青少年或成人，所以，在认知能力的发展方面，与第一语言的习得者相比，第二语言的学习者明显占优势。

儿童习得第一语言是从零开始的。当婴儿呱呱坠地之后，他们对世界上的一切事物或现象，包括语言的或非语言的事物或现象，都一无所知。出生以后，儿童的认知能力迅速发展，首先是儿童认知结构的发展。婴幼儿的认知结构主要是由感觉和运动组成，所以叫感觉运动性认知结构。以后直至青年期，儿童逐步掌握了符号、语言、概念以至逻辑的命题，并逐步能对直接感知的具体事物以至抽象的概念进行运算，与此相应，他们发展了运算性认知结构。其次是儿童认知范围的扩展。儿童最初的认知首先是以他自身作为出发点和参照物，然后随着发展逐步由近及远扩展其范围。再次是儿童认知程度的深入。认知发展的总的趋势是由浅入深，由认识事物的表面现象逐步达到认识事物的本质。最后是儿童信息加工容量的增加。表现为注意范围和记忆广度的增大，信息加工的速度增快，能采取较好的信息加工策略，并利用有助于注意、记忆和问题解决的策略和方法等。

年长儿童、青少年和成人在开始学习第二语言与儿童学习母语不同。首先，他们的认知能力的发展已达到较高的水平或已经成熟，因此第二语言习得与认知发展不是同步进行的。其次，由于认知能力的提高或成熟，能够较容易地概括和掌握第二语言的规则，并运用这些规则来指导自己的第二语言习得，因此，第二语言习得的质量与速度会大大提高。最后，由于在第二语言习得中认知与语言相对分离，所以第二语言对于学习者而言不是思维的工具。学习者能运用第二语言生成一些话语，但话语的思想内容仍是学习者运用第一语言进行思维的产物。这就是为什么第二语言初学者的话语既像第一语言又像第二语言，既不像第一语言又不像第二语言的原因。如果思维时使用的是第二语言，那样就不会产生第一语言的干扰。

由于第二语言习得时语言与思维分离，不利于对第二语言规则和知识的掌握,也会产生语言之间的干扰,所以有人认为,第二语言的学习应尽早开始,年龄小的学习者比年龄大的学习者更适合学习第二语言。甚至有人认为,12岁之前是第二语言习得的关键期。在12岁之前学习第二语言较为容易,在此之后就变得相对困难。

（二）环境方式不同

儿童习得第一语言可分为两个时期,即自然习得时期和学校教育时期。儿童基本的第一语言的听说能力是在自然习得时期获得的。儿童所处的大环境给儿童提供了接受大量的语言输入和经常输出语言的机会。从输入方面说,儿童第一语言习得的环境十分广阔的,家庭、街头巷尾乃至整个社会都是儿童习得第一语言的环境。这些输入不仅仅有针对学习者的话语,而且包括学习者所听到的各种话语。从输出方面说,学习者同时也是言语交际活动的积极参加者,他们通过参与现实的交际活动习得语言。

在学校教育时期,学习者在继续提高听说能力的同时,着重提高书面语言（读、写）的能力和言语交际的能力,还要学习与语言理解和语言使用有关的文化知识。在学校里学习第一语言,儿童不需要从最基本的听说开始,而是以识字和读写为主。学校的教育是有计划、有组织的。在学校学习环境主要是课堂,与自然情境下的习得的环境相比显得很微小,但是,课堂的小环境是属于同一语言的大环境包围下的小环境,两种环境并不冲突。

但是,除了在目的语国家或地区习得第二语言外,二语习得的课堂的小环境与社会的大环境是相冲突的。由于在社会的大环境中缺乏使用和练习的机会,所以,学习者在课堂的小环境中学得的第二语言知识,不仅不会得到巩固和加强,反而因为废用的缘故被遗忘和削弱。

另外,课堂的环境中学习者接触语言的时间很短,言语也不像在第一语言习得里那样丰富和真实。这样,学习者接受第二语言的输入和输出第二语言的量就微乎其微了。这与第一语言习得时接触语言的时间是无法相比的。

第二语言习得与第一语言习得在习得方式上也有不同。人们习得第一语言,是先习得口语,再习得书面语言,其语法的习得也是自然而然地进行的;而第二语言的习得则要从最基本的语音、词汇和语法开始,口头语言和书面语言（听、说、读、写）同时起步。

（三）目的动机不同

幼儿习得第一语言是出于人的本能,是出于生存和发展的需要。要生存就要认识他们赖以生存的世界,就要认识周围的事物和他们之间的关系。人是社会动物,要在社会中生活,就要同其他人进行交际,通过集体的协作来生活、劳动。要完成这两个方面的任务,都离不开语言。因此,幼儿的第一语言习得的目的是天然的和原发的,它会产生巨大的动力作用,推动着儿童第一语言的习得与发展,使第一语言习得具有明显的主动性。儿童为了满足认识和交际的需要学习语言,需要的满足又会进一步强化他的学习动机,儿童便在学习语言中获得了益处和乐趣,这种动机与乐趣反过来又促使他进行新的学习。如此循环往复,儿童便习得了第一语言。

与第一语言的习得不同,人学习第二语言的需要并不是为了满足认知和生存的需要。人们学习第二语言的目的也是多种多样的,如为了求职、升学、科研和出国深造等。不学第二语言,学习者同样可以认识世界,同样能与其他人进行交际。与第一语言习得的主动性相比,第二语言习得则相对说来是一种较为被动的行为。外语通常是学校里的一门课程,也是升学、晋升职称考试的科目,学生往往把语言习得视为完成一项学习任务,在心理上往往有某种负担和压力,对语言的兴趣主要属于间接兴趣(即对第二语言学习的结果感兴趣),直接兴趣(即对语言学习本身感兴趣)不多,因此学习起来也颇感吃力。

出于求职、升学、阅读科技资料、通过晋升职称的考试等目的而进行的第二语言学习常常具有片面性。当学习者的目的到达之后,便会出现语言发展的停滞、僵化,甚至倒退的现象。目的和动机的差异的确是造成第一语言习得与第二语言习得效果差异的重要因素。

第二节　对比分析与偏误分析

一、行为主义的语言观

(一)行为主义学习理论

行为主义产生于 20 世纪初的美国,代表人物是华生和斯金纳。他们认为,行为就是有机体用以适应环境变化的各种身体反应的组合,具体的行为反应取决于具体的刺激强度。

行为主义理论家确立的学习过程有三种:经典条件反射、操作性条件反射和观察学习。

经典条件反射是由俄国生理学家伊万·巴甫洛夫在研究消化腺的实验中发现的。他认为,形成条件反射的基本条件,是无关刺激物与无条件刺激在时间上的结合,这个结合过程也叫强化。强化次数越多,条件反射越巩固。长期不予强化,条件反射就会逐渐消退。

继巴甫洛夫之后,美国心理学家斯金纳提出了操作性(工具性)条件反射理论。斯金纳认为,动作的形成是以动作的结果为强化的。强化有正负之分:正强化具有奖赏的作用,它可增加先前的反应再次发生的可能性;负强化是指没有该强化时,可使行为再次出现的可能性增加。惩罚有时充当负强化的角色,因为在某些时候,没有惩罚会增加行为发生的可能,但它又不完全等同于负强化,因为它的出现会减少行为出现的可能。

观察学习理论的提出者是阿尔伯特·班杜拉。所谓观察学习就是人们通过观察他人的行为及行为的后果而间接进行的学习。由于观察学习理论主要关注的是个体社会行为的习得和个体社会化的历程,因此又称为社会学习理论。班杜拉认为,观察学习的过程受到注意、保持、动作再现和动机四个子过程的影响。注意过程调节着观察者对示范活动的探索和知觉;保持过程使得学习者把瞬间的经验转变为符号概念,形成示范活动的内部表征;动作再现过程是以内部表征为指导,把原有的行为组合成信念的反应模式;动机过程则决定哪一种经由观察学得的行为得以表现。

行为主义心理学家在学习是如何发生的认识上有许多相同之处。比如,他们都认为学习必然包括行为的变化。他们断言,新的信息必然引发行为的变化。为什么会产生某种行为呢?他们认为行为是源于人们环境中的经历。行为主义心理学家强调,具体的行为反应取决于具体的刺激强度,因此,他们把"刺激—反应"作为解释人的一切行为的公式。而学习必然包含刺激与反应的联结。通过联结进行学习被称为接近学习(contiguity learning)。刺激与反应的发生有时间间隔,幼儿需要及时的反馈,而大龄儿童与成人更愿意等待更长的时间。

(二)语言学背景

布龙菲尔德在其经典著作《语言论》中,对行为主义的语言观做了最为详尽的描述。典型的行为主义观点是,语言的特征首先是说,而不是写,说是写的前提条件。这一观点的理据有两点:没有认知缺陷的儿童在学习书写之前学会说话;虽然所有社会都有口头语言,但其中许多社会并没有书面语言,不存在只有书面语言而没有口头语言的社会。

行为主义语言学认为,说话包含模仿和类比。我们在儿时就建立了一套习惯,并通过对我们所知的东西做出类比或通过模仿他人言语继续发展我们的语言能力。但是,什么让我们开口并进行会话呢?

(三)学习的迁移

在日常生活中我们可以观察到,学会了骑自行车,有助于学习驾驶摩托车;学会了一种外语,有助于掌握另一种外语;儿童在做语文练习时养成爱整洁的书写习惯,有助于他们在完成其他作业时形成爱整洁的习惯。这些都是我们常见的学习迁移的现象。

一般心理学教科书都把先前的学习对后继学习的影响称为迁移,现在看来,这一定义并不能概括全部迁移现象,因为后继学习也可能对先前的学习发生某种影响。前一种迁移,可称为顺向迁移;后一种迁移,可称为逆向迁移。不论是顺向迁移还是逆向迁移,都有正负之分,凡是一种学习对另一种学习起促进作用,都叫正迁移;凡是一种学习对另一种学习起干扰或抑制作用都称负迁移。

(四)语言即习惯

这种观点认为:

(1)语言作为一种符号系统,是经一定社会集体约定俗成,长期使用固定下来的习惯。每一成员都必须遵守这个习惯,交际才能完成。每一种民族语言都有自己特有的习惯,外语是不同于母语的另一种习惯。

(2)社会集体成员,即每个个人,为交际而对语言系统或结构的使用(所谓言语活动)和使用能力(言语能力)也是一种习惯,这种习惯是在长期使用中养成的。使用外语的习惯不同于使用母语的习惯,要掌握好外语就得另外再培养一套新的习惯。

从心理学的角度来看,培养新习惯要受到先前已有习惯(以下简称老习惯)的影响和制约。老习惯在培养新习惯的过程中的作用表现为两个截然不同的方向:有一部分起促进作用,其效果是正向的,可作正迁移;另一部分则起干扰作用,其效果是负向的,可作负迁移;老习惯中同所要建立的新习惯中相同的、可直接或间接借用的部分,常起正迁移作用。

将这种观点用于语言学习,便可以得出如下结论:

（1）幼儿学习母语时建立一套习惯,青少年和成人学习第二语言时建立一套新的习惯。

（2）幼儿学习母语伊始,没有别的语言习惯和语言经验可资利用和"迁移",因此情况比较单一。

（3）青少年和成人学习第二语言,是在他们已有一套长期形成的母语习惯和丰富的母语经验的条件下进行的。这种已有的母语语言习惯和经验,不能不对第二语言学习建立一种新的语言习惯,从而发生正反两方面的巨大作用。

二、对比分析假说

（一）对比分析的原则

什么是对比分析? 对比分析是将学习者的本族语与其所学的第二语言进行对比,描述它们之间的异同,特别是不同之处,旨在为第二语言教学提供反馈,预测学习困难和错误,并有针对性地提出解决的方法。

可见,对比分析是为确定潜在偏误而对不同语言进行比较的一种方法,其终极目标是对第二语言学习环境中需要学习与不需要学习的内容做出分离。拉多认为,对两种语言的语音系统、形态系统、句法系统甚至文化系统做结构对结构的比较,目的是发现相似点与不同点,最终目标是预测学习者容易学会或者难以学会的领域。

即使像德语和英语这样联系紧密的两种语言,在形式、意义和语法结构分布上也会有显著不同。由于这一点,也由于学习者往往会将本族语结构中的习惯迁移到外语中,学习外语结构才会有难学或易学的情形。那些相似的结构容易学习,因为它们会迁移到外语中,也许会充分地发挥功能。

由对比分析产生的教学材料基于一系列假设:

（1）对比分析基于"语言即习惯"这一语言理论,这种理论认为语言学习包含着建立一组新习惯。

（2）在第二语言的产出或接收中,偏误的主要来源是本族语。

（3）通过对比一语和二语的不同,可以对偏误做出解释。

（4）由第三条推导出的结论是,两种语言的差别越大,产生的偏误越多。

（5）在第二语言学习中,学习者学习的是两种语言的不同处,对相似处可以放心地忽略,因为它没有包含新的学习任务。换言之,两种语言之间的不相似处是必须学习的。

（6）学习的难易分别取决于相对照的两种语言之间的不同与相似。

（二）对比分析的内容

对比分析假设的理论阐述包括三个方面，即对比分析的基本假设、分析方法以及对比分析的两种观点。

对比分析的基本假设是语言迁移。这一假设的基本内容包括三方面：①学习者在第二语言习得中会把母语的语言形式、意义及其分布，连同与母语相联系的文化迁移到第二语言系统中去。②当学习者的目的语与母语结构特征相似时，就会产生正迁移，学起来比较容易；当目的语与母语结构特征有差异时，就会产生负迁移，也就是母语干扰，学起来就比较困难。母语干扰是引起困难和偏误的主要原因。③差异＝困难。差异与困难相对应，差异越大困难越大，这种差异构成了语言习得的难度等级。

由对比分析假说框架混淆生出两种观点，即所谓的强势论观点。根据强势论观点，人们能够基于两种语言间的比较对学习做出预测，进而预测语言教学材料是否会成功。弱势论从分析学习者经常出现的偏误开始，换言之，它从学习者的表现开始，之后再基于本族语和目的语之间的区别尝试对这些偏误做出解释。弱势论成为偏误分析的组成部分，并由于预测型对比分析法的失败而被人接受。前一种方法对学习者语料（即偏误分析）的重要贡献是：它强调学习者自身、学习者产出的语言形式以及达到中介语形式而采用的策略。

（三）对比分析的项目

根据对比的内容，语言对比分析分成两大类：语外对比和语内对比。

所谓语外，是指与语言发生联系的一些外部因素。例如：①物质实体。包括说话人的发音器官、性别、年龄等差异。例如，语音的分析就可以从说话人的生理、物理和心理三个方面来进行。性别的差异在发音及用语上也有体现。②语境。指的是语言使用的场合、环境及话语参与者之间的关系等。③文化背景。语言本是文化组成的一部分，语言的使用上不同程度地负载着文化色彩、风俗习惯等。

所谓语内，则是指与语言本身的内部组织机构有关的一些因素。例如：①语言结构。语言结构是指语言元素或单位以一定的组合方式结成的横向组合模式。②语法功能。语言单位之间特定的语法联系。③篇章功能。篇章功能主要指一些语言手段在组句成篇中的功能。

进行具体的语言对比分析,结合语内和语外的因素,应该就语音、词汇、语法、篇章及语用一文化等几方面进行对比分析。

语音对比。如音位系统的对比,包括:相同的音位、完全不同的音位、相似的音位、音位的区别特征、音位的使用频率以及超音段音位对比等;音节结构的对比,包括:结构类型的对比、音位搭配关系的对比。

词汇对比。词汇形态对比,包括:词界对比、形态特征对比、构词法对比;词汇语义对比,包括:理据性对比、词义对比。

语法对比。词类对比,包括:不同的词类、相同的词类;句子成分的对比,包括:主语对比、谓语对比、宾语对比、定语对比、状语对比、补语对比。

语用文化对比。社交用语对比,包括:问候语、告别语、赞扬及对赞扬的反应、邀请及对邀请的反应、致谢语、致歉语等;人际用语对比,包括:亲属称谓语、非亲属称谓语、敬辞和谦辞、禁忌语等。

三、偏误分析

(一)偏误分析的产生

偏误分析是一种聚焦学习者出现的偏误的语言分析。与对比分析不同的是,偏误分析是从学习者的语料出发,对学习者的目的语中出现的错误与目的语本身作比较,分析错误的多少、类型、产生原因,它是支持教学策略的一种分析方法。

20 世纪五六十年代,第二语言研究的重心是教学问题。1967 年,科德发表《学习者偏误的重要性》一文,研究者的研究兴趣开始转移。科德认为偏误不能仅仅被视为应该消除的东西,而应当重视偏误自身的研究。偏误在概念和重要性上有了不同的角色。偏误提供窥探一个系统的窗口,即反映学习者二语知识的证据。在某种意义上,聚焦偏误标志着第二语言习得这一领域的开始。偏误分析研究的出现,不仅是由于教学的要求,更有着其心理学和语言学等学科的理论基础。

偏误分析的心理学基础是认知理论。语言学基础则是乔姆斯基的普遍语法理论。第二语言习得过程被看成是规则形成的过程,即学习者不断从目标语的输入中尝试对目标语规则做出假设,并进行检验与修正,然后逐渐向目标语规则靠近并建构目标语的规则体系。

随着认识的深入,研究者发现,用迁移理论不能解释学习者的全部错误。这样,人们逐渐对对比分析失去了热情。乔姆斯基不断提醒人们,语言能力是人区别于动物的主要标志,语言运用是一个由规则支配的、具有创造性的过程,"刺激—反应"无法解释语言学习和语言运用的全部。研究者已经发现,儿童习得母语也是一个创造性过程。

(二)偏误、失误的区别

科德对偏误和失误做了区分。偏误是系统性的,也就是说,它可能屡次发生而且学习者不能认定其为偏误。而失误近似于口误,即通常只出现一次的事件,出错的说话人能够识别失误,如果有必要还能改正。偏误分析和研究的对象是前者,而不是后者。

偏误和失误是两种性质不同的错误,区分这两种错误对外语教学具有重要意义。有关偏误分析的许多研究工作都是在课堂教学环境中进行的,目的是辅助教学。

偏误只是从教师和研究者的角度看才是偏误,而不是从学习者的角度看的。因为学习者已经将某一偏误形式(从目的语的角度看)融入了自己的系统,而他本人并没有意识到这种"误"。同时,偏误只有在目的语参照时才是偏误,从中介语的角度看,它是构成这一中介语系统的部分。

第三节　中介语分析

中介语的研究始于 20 世纪 60 年代末 70 年代初,整个理论成熟于 80 年代。根据中介语理论发展过程可以将它分为两个阶段。前一阶段的研究主要有两个方面:一是有关中介语性质的探讨;二是对中介语的描写。后一阶段的研究主要有三个方面:一是中介语的可渗透性、可变性与系统性的关系,这方面的研究可以看成是 70 年代中介语性质研究的延续;二是中介语的习得过程;三是第一语言在中介语习得过程中的角色,这些角色表明中介语研究在性质和描写基础上的进一步深化。

一、中介语性质的探讨

(一)有关中介语性质的理论模式

人们对中介语性质的认识集中在中介语是不是一种自然语言,是否受到第一语言的影响,是否具有一定的稳定性。而这些问题又涉及中介语是否具有系统性的问题。

对中介语性质的认识,20 世纪 70 年代主要有三个不同观点,形成三种理论模式。分别由塞林克、艾杰敏和塔容提出。

塞林克认为,导致中介语不同于目的语的因素主要有 5 个。

1. 母语造成的迁移

指的是学习者受其母语的影响,将母语的一些结构和表达方法带入目的语,从而造成其语言的中介语特征。

2. 训练造成的迁移

有这种情况:在课堂教学中,教师有意或无意地强调和训练某些语言规则,造成学习者生成一些不符合目的语"规则"的语言现象。

3. 学习策略的影响

任何一个学习者都会采用一定的学习策略。

4. 交际策略的影响

第二语言学习者要跟说母语者交流,但是他们尚未完全掌握目的语,这时他们会努力用他们已知的语言材料来表达自己的意思。

5. 目的语语言规则的过度泛化

学习者在语言训练中掌握了目的语在一定条件下的一些表达方式,就将它们作为目的语的固定用法,往往在不必使用或不宜使用的场合也加以使用。

塞林克进一步指出,上面这些因素所造成的中介语特殊现象有可能长期存在,它们使得中介语最终难以达到目的语的水平,形成"石化"现象。

据此,塞林克提出,中介语是一种非自然的语言系统,它由学习策略影响而形成,处在第一语言和第二语言之间,是另外一个语言系统。

20 世纪 70 年代中期,艾杰敏接受乔姆斯基的观点,强调中介语的过渡性质。在此基础上,他进一步指出,中介语是一种自然语言,有一套有组织的规则系统。这套规则系统遵从普遍语法的规则,处在向目的语的过渡阶段。但是,在这个过程中,它要受到第一语言的影响。

20 世纪 70 年代末,塔容提出,中介语是一种自然语言,但处在不断的变化中,具有过渡性质,它是由一组不断变化的语言风格所影响的语言系统。塔容认为中介语是系统的,不过它的系统性要基于两点来考虑:一是中介语使用者说话的上下文语境,即语言使用的条件;二是中介语语料采集的条件,研究者在什么情况下采集了哪些语料。此外,塔容认为中介语是不受第一语言影响的。

可以看出,塞林克主要是从认知心理学的角度提出其观点。不过,他在一定程度上接受了"对比分析理论"有关"负迁移"的说法,将第一语言迁移列为影响中介语形成的首要因素。艾杰敏则主要基于乔姆斯基普遍语法观,不过,他承认第一语言的影响。塔容更多地考虑到了跟中介语有关的语言使用外部因素。从三人的观点大致可以看到20世纪70年代的十年中人们对中介语性质的认识所发生的变化,在认知观的引导下由较多地接受结构主义语言观到较多地接受功能主义语言观,即从关注中介语语言本身到关注中介语的使用条件。

(二)塞林克提出的两个重要理论

1. 中介语产生的心理基础——大脑中的"潜在心理结构"

塞林克指出:"在有意义的表达情境中,成功地预测这些行为事件,将使人们更加确信本文与潜在的心理结构相关的这种理论建构。"这种潜在的心理结构类似于乔姆斯基的"语言习得机制"。乔姆斯基认为人类大脑中存在一个专门为学习语言而设的"语言习得机制"。塞林克认为,成年人学习第二语言有以下两个途径:

(1)成功的学习者,可以通过重新激活语言习得机制来获得第二语言。他们可以像儿童习得母语那样,把普遍语法直接转换成目的语语法,从而达到母语使用者的水平。

(2)大多数的学习者,他们无法激活语言习得机制,激活的是"潜在心理结构"即一般的认知机制。成人第二语言学习者正是通过这种机制来获得第二语言能力。通过这种方式获得的语言能力是不完整的,无法与儿童习得母语或第二语言所达到的水平相比。

2. "石化"的概念

塞林克还提出了"石化"的概念,用以说明大多数学习者无法获得与母语使用者相同的语言能力的心理学基础。塞林克认为:"语言石化现象是指外语学习者的中介语中与目的语有关的那些语言项目、语法规则和语言次系统知识趋于定型的状态,它们不受学习者年龄以及目的语学习量的影响。"也就是说,石化是外语学习中有时出现的一个问题,即在外语学习者的口语和书面语中始终伴有不正确的外语语言特征。发音、词汇和语法等各个方面在外语学习中都可定型或石化。发音的石化特征是学习者的外国口音。

为什么会产生"石化"呢？

塞林克认为，既有内部因素也有外部因素。外部因素，指社会环境对二语习得产生的影响。与目的语社团接触较少，或学习的动机减弱，便出现"石化"现象。内部因素，包括学习者对目的语社团的态度、心理距离以及年龄的限制等，这些因素也会导致语言的石化。

列尼伯格（1972）从生物学角度提出"关键期"的假设，由于大脑功能的侧化而导致大脑可塑性的丧失，使成熟期以后的语言学习变得更加困难。塞林克则从心理学和神经学的角度来解释语言的"石化"现象，他认为第二语言学习者获得语言能力的心理学基础与母语习得完全不同，或者说习得机制不同。关键期以后，原有的习得机制已经退化，第二语言学习者依据的是一种完全不同的机制，证据就是第二语言学习者语言能力获得的"石化"现象。95%的第二语言学习者在语言能力的获得上出现"石化"现象，语言能力的发展出现停滞状态，即使继续学习和训练仍然得不到改善，停留在中介语阶段。

二、中介语研究的深化

（一）中介语的习得过程

对中介语的习得过程的研究主要从两个方面进行，一方面是从功能的角度考察中介语，另一方面是通过对话分析考察中介语。这些研究分别运用了功能分析和话语理论。

1.这个时期的不少研究对象是前往欧洲和北美一些国家的外来务工者。研究者从与他们的谈话中截取语料，同时，也由于功能语言学的主张，研究开始注重描写中介语形式与功能之间的关系。人们发现，第二语言学习者在交际时对语言形式的选择基于他们所要表达的功能。因为在与第二语言学习者的交谈中研究者发现许多"即兴"的表达，这些表达从语法上讲是错误的，但是表意清楚。

研究者们还发现，通过与第二语言学习者的对话以及对这些谈话内容的分析，不仅可以有意识地导向某些话题，了解学习者对某些语言要点掌握的情况，还可以了解学习者对目的语表达方式的习得情况，比如，如何进行谈话，等等。

2.对话语过程加以分析始于美国描写语言学。美国描写语言学后期的代表人物海里斯主张对话语语料进行分析。中介语后期研究所采用的话语理论不仅吸收了海里斯的方法,也吸收了功能语言学的方法,因为它关注语境条件下的第二语言习得过程,不是孤立静止地看待中介语,在方法上超越了语素研究和偏误分析。关注习得过程也使得中介语研究比之过去的偏误分析和语素研究只关注习得的结果更进了一步。

(二)第一语言的角色

随着对中介语研究的深入,人们对第一语言在第二语言习得中所起的作用也产生了不同的看法。人们发现,关注中介语的习得过程要比论证第一语言跟第二语言之间的关系更有意义。于是人们开始注意区分哪些偏误源起于第一语言,哪些不是。最值得一提的是,人们将第二语言习得过程跟第一语言的迁移联系起来。

人们关注第一语言迁移跟习得过程的关系,一方面认识到某个形式共现于中介语和第一语言中并不等于学习者对这个形式的加工过程也受到了第一语言的迁移;另一方面认识到第一语言跟第二语言不同,学习者对目的语的加工过程可能不同。

人们继而又对第一语言的迁移从特点上进行了分类。比如,麦克劳夫林介绍了第一语言迁移的五种类型。第一,语言类型的迁移。他认为两种语言在语言类型上的相似性往往是导致具体的某个第一语言形式迁移的前提,因此,迁移要从提高到两种语言类型关系上来看。第二,回避。由于学习者母语中不存在某个形式,学习者往往采用回避的策略,不去使用目的语的这个形式,这也应当视为第一语言的迁移。第三,过度使用某个语言形式,这个形式在学习者母语中用得比较多。第四,母语提供了便利。当母语的某些形式跟目的语一致时,学习者就会学得很快,欧美学习者习得汉语"是"字句快于日本学习者就是母语带来的便利。第五,学习者对目的语特点的推测也会形成一种迁移。这个推测往往是依据母语做出的,是一种宏观上的影响。

这些对第一语言的认识更新了对比分析理论的观点,因此,从中介语后期的研究中可见,对比分析理论的合理部分被继承下来,并加以修正,在这个基础上我们可以看到,第二语言学习与习得理论的第一个"理论块"建立起来了。

第四节　第二语言习得序列

在 20 世纪 70 年代和 80 年代早期,习得顺序问题的研究最突出地集中在语法语素、否定结构两个领域。这两个方面都依赖于早期的来自结构主义语言学的句法模型。两者都使用从学习者的语言中收集到的数据,来揭示二语习得的顺序。

一、语法语素

(一)布朗的发现

儿童习得语言时的习得顺序一直都是研究者感兴趣的问题。到了 20 世纪 70 年代,罗杰·布朗(Roger Brown)进行了一项考察儿童在"语法语素"方面习得顺序的研究。这项研究为语言习得领域的一场大规模研究拉开了序幕。那么,布朗研究了什么,又是如何进行研究的呢?

首先,我们看看布朗研究的问题是什么。

布朗要考察的是"语法语素"。什么是语法语素呢? 语素是传达语言意义的最小单位。"人"作为一个语素,不能再分割成更小的有意义的单位;"人民"则是由"人""民"两个语素构成,其中每个语素具有自身的一些独立的意义。一个语素可能是"自由的",即一词本身,如"书";也可以是"黏着的",即需要依附于其他语素,如"人们"中的"们"。新的语素表示词形变化,它们是构形语素,如"books"中的"-s"。

布朗在 20 世纪 70 年代所要考察的就是在句子中表语法意义的语素,而不是构词语素。其中既有自由语素,如"the""is";也有粘着语素,如"-ing"("is doing"),"-s"("books")。根据罗杰·布朗的观察,儿童在第一语言习得的早期阶段似乎不用句中表语法意义的语素;经过几年时间,语法语素才逐渐出现在他们的句子中。那么儿童对这些语素的习得遵循怎样的一个序列呢? 于是,布朗就选定 3-4 岁的孩子,对 14 个语法语素的习得情况进行研究。

布朗的研究方法是:他每月跟孩子们进行两小时的谈话,记录并分析每个语素"强制语境"下发生的情况。所谓强制语境,是说这些语法语素在某些环境中一定会出现。

布朗选定四种强制语境:语言语境、非语言语境、语言语境之前和语言语境之后。在三个连续的记录中,当某个语素在强制语境下被使用90%,则认为儿童已经习得该语素。对这三个儿童每人习得的情况进行综合,然后得到儿童习得第一语言语素的一个共同的序列。

(二)杜雷的拓展

布朗对母语习得顺序的研究给二语习得研究者带来了很大启示,即把英语作为第二语言来学习的儿童在学习一定的结构时是否也有一个共同的序列? 杜雷和伯特将习得顺序研究运用于二语习得研究,他们采取了一种"变通"的研究方法。

他们的研究对象是151个母语为西班牙语或英语作为第二语言,年龄在6-8岁间的儿童,这些儿童位于美国的三个不同地方。他们通过双语句法测量收集样品。试验通过对一系列的7个卡通图片的33个问题提问,引起了一系列的语法结构。

杜雷等人的研究不是在时间上纵向的跟踪调查,而是在同一时间点横向地对众多受试者进行同时测试,依照他们对8个研究项目的得分高低,来判断他们习得这些项目的先后顺序。

这种研究的好处是:周期短,不用花费很长时间;见效快,通过测试,立刻就可以得到一个从高到低的成绩单。

由于这种方法的简便易行,在20世纪70年代,这样的研究很快得到普及。更重要的是,杜雷等人的研究结果对新兴的二语习得研究来说就像一剂兴奋剂,很多学者加入同类问题研究的行列中来。

二语习得序列的存在证明了可以将二语习得研究跟第一语言习得研究分离开来。所以杜雷和伯特继续声称,二语学习者共同习得序列的发现,无疑是一个第二语言近十年研究中重大的、最令人兴奋的成果。

但是,这里就有一个前提假设:就是这些受试者在语言习得顺序方面上是一致的。不然,他们每个人的成绩只能代表个人,而不能代表别人。这就是一个"同质性假设"问题,即研究的前提是假设所有的学习者都是同质的,他们个体之间的差异在研究中是可以忽略不计的。同时,还有一个假设,就是掌握得好的项目是先习得的项目,掌握得差的项目是后习得的项目。第一个假设没有太大问题,第二个前提假设还需得到证明。

这种研究还有一个问题就是,不同时间的测试、对不同受试者的测试,每次测试的成绩会有出入。有些项目在第一次测试中可能排第一位,但在第二次测试中可能排到了第三、第四位。这种位置的不固定性势必使得研究者得出的结论各不相同。

(三)蓬勃的研究

在接下来的一段时间内,有许多关于习得序列方面的研究,取得了不少研究成果,人们对习得序列问题逐步有了一个较为清晰的认识。

杜雷和伯特考察了三组6-8岁的西班牙儿童习得英语语素的情况。结果表明,三组西班牙儿童习得英语语素的顺序非常相似,即以英语作为第二语言的儿童习得英语语素也存在着固定的习得顺序。但这个顺序与以英语为母语的儿童习得英语语素的顺序不同。

杜雷和伯特考察了两组6-8岁的儿童习得英语语素的情况。其中一组是讲西班牙语的儿童,另一组是讲汉语的儿童。结果表明,两组儿童习得11个英语语素的顺序基本相同。换句话说,以英语作为目的语的儿童习得英语语素的顺序不受其一母语背景的影响。

贝利等考察了母语为西班牙语和非西班牙语成人习得英语语素的情况。结果表明,不同母语背景的成人习得英语语素的顺序也非常相似,但成人第二语言学习者的习得顺序与以英语为母语的儿童的习得顺序不同。

拉森·弗里曼等考察了不同母语背景以及不同学习任务对成人英语语素习得顺序的影响。结果表明,母语背景对成人第二语言学习者习得英语语素的顺序没有重要的影响,听、读、写等不同的学习任务对习得顺序有一定影响。

克拉申等考察了不同母语背景的成人在不同作业方式下英语语素的习得顺序,任务方式包括有时间限制和无时间限制条件下的自由写作。结果表明,不同作业方式下,成人习得英语语素的顺序基本相同。这个顺序与贝利等的研究结果非常相似。

牧野检查二语学习者在不同的二语环境中,如美国的,而不是在自己的家乡日本的序列是否会不同。得出的结论是,习得顺序具有广泛性,不管是二语学习者在他们自己国家,还是在国外。

二、语素研究的问题

(一)创造性建构假设

人们不禁要问,为什么在母语习得和二语习得中,存在着相似的语素习得顺序？杜雷和伯特的解释是：这是创造性建构引起的。创造性建构认为，语言学习者逐渐组织他们所听到的语言，根据规则构造生成句子是一个潜意识的过程。这种语言学习观归因于语言学习者的内在过程，而不是由对比分析引起的母语的性能。杜雷和伯特从 179 个讲西班牙语的儿童归纳偏误，把它们分为自然的创造性建构和西班牙母语干扰两类。在 513 个总错误中，447 个（87.1%）是属于创造性建构的。24 个（4.7%）是属于母语干扰造成的。按他们的计算，母语的影响是非常小的。

那么，创造性建构的理论基础是什么呢？

创造性构建的概念依赖于独立语法假设，即二语学习者都有自己的语法，这种语法可以从他们的语言样本建立起来。

创造性建构理论认为，无论是母语者还是第二语言学习者，学习语言的过程都是相同的，区别仅仅在于各人的路径不同。他们遵从了一个标准的习得顺序，但是学习具体语法特征的顺序是不同的。

在理论基础上，创造性建构理论是心灵学派的观点。他们认为，驱动第二语言习得的心理过程与驱动儿童习得母语的心理过程基本相同。第二语言习得和母语习得一样，是高度程序化的，而且这道程序是预先存在的。语言信息的输入仅仅是作为激活这种预先存在的、高度程序化的习得机制的一种触发因素。由此可见，心灵学派对语言习得的解释从根本上反对行为主义者对语言学习的解释，他们强调人的语言习得机制而弱化环境的作用。在他们看来，输入的功能只是为了激活语言习得机制，基于这个原因，展现母语习得和第二语言习得的共性就非常重要。无论母语习得还是第二语言习得都是由这种高度程序化的习得机制决定的，而不是由语言输入中出现的结构顺序决定的。这就引起了一场对第二语言习得在多大程度上和母语习得相同的讨论。

20 世纪 70 年代一系列关于习得顺序的研究表明，第二语言学习者，无论是成人还是儿童，无论是何种母语背景都不会改变学习者的习得顺序。如果学习者的母语背景对其习得顺序不产生影响，那就意味着，第二语言习得存在着普遍的习得机制。创造性建构假设认为，母语对第二语言习得的影响是很小的。这与塞林克"中介语"的观点是完全不同的。在塞林克看来是母语迁移的现象，杜雷和伯特却认为是母语学习者和第二语言学习者共有的一种"发展模式"。

综上所述,创造性建构理论的核心在于弱化母语对于学习者习得第二语言的影响。事实上,母语学习者基本上是通过自然的习得过程获得语言能力;而第二语言学习者已经具备了母语的语言能力,在第二语言学习中很难完全忽略母语的影响,至少在语法学习中一般是以母语为基础建构第二语言的语法系统的。因此,创造性建构理论一直受到学界的质疑。但无论如何,创造性建构理论是第二语言习得顺序研究中的一种非常重要的理论。

（二）语素习得顺序研究存在的问题

沿着以上方法展开的习得顺序研究越来越多,同时,有关问题也逐渐显现。

1.语素习得顺序研究的概括力问题,即它有没有普适性

范伯腾关注目标语为西班牙语的情况。他们发现习得顺序甚至可以推广到也有着语法语素和自由语法语素的语言。但是,这种研究却不能应用于如像汉语那样没有形态成分的语言。

2.收集语素的权威性问题

一方面,尽管克拉申等(1978)发现,第一语言习得和第二语言习得学习者之间的有着语素比自由语素一致性更强,但多数学者通常混淆了与自由的语素之间的不同。另一方面,他们把语法的独立的方方面面放在了一起,语法语素被任意地、不合理地收集在一起。在某种意义上,研究忽略了它们的语法性质。语法是一个整体,而不是像一本字典那样,是一个不同项目的列表;语法语素被视为离散的词汇那样是一个接一个获得的,而不是被看作语法结构和系统的一部分。

3.受试者所给的句子形式的意义的问题

有关讨论指出,受试者看起来在强制语境中会使用的(改用的)某个语素,但也许是受强制语境的影响而与意义无关。

4.实验设计安排的问题

为获得母语习得的序列,布朗安排语素时,按儿童可以达到90%的习得率所需要的时间;为获得二语习得序列,杜雷和伯特安排语素的基础是在同一时间点学习者的成绩。所以,他们各自得到的序列是来自两个不同的途径:母语习得顺序是形式达到一定水平的儿童语言的准确率所花费的时间;二语习得的顺序是基于学习者在一个单一的测试场合分数的产生难度顺序。

5. 数据采集的问题

一方面,不同的目的和方法采集的数据所得出的结论可能不同;另一方面,实例数过低,结论就要打折扣。

有时,这种不同表现为纵向研究和横向研究之间的差异。纵向研究遵循相同的学习者,在一段时间内尽量细微地观察他们在时间 1 和时间 2 的变化,然后比较他们在这两个时期之间的知识状态;横向研究着眼于在不同时刻的不同的学习者,迈过比较不同的人,建立连续的发展状态,这就是所谓的"伪纵"。也就是说,不是跟踪 20 个开始二语学习的人一年时间,而是把 20 个初学者跟 20 个已经学习了一年的学生比较,好像他们是同一人。显然,两种不同研究方法获得的数据有着根本的区别,研究时应该注意区别。

第三章 基于课堂的第二语言习得

第一节 第二语言课堂语篇

一、相关研究

一般而言,教师是第二语言课堂上唯一的目的语输入者,课堂互动基本上是在教师的掌控之中。特别是在传统的语言课堂上,为了扮演好领航员的角色,教师课前要计划好教什么(课程设计)和怎么教(教学方式),或许还要事先想好实施计划的环境(课堂气氛),上课实际上就是将这些计划付诸实现。然而这个实施过程不是发生在真空里,而是发生在和学生的互动中。学生是有生命、有思想、有背景的不同个体,会对教师的计划实施有各式各样的反应,因此对教师来说,课堂计划实施进程会出现很多变数,有不可预知性,教师要根据出现的情况不断做出判断,随时修改原来的教学安排,因此,课堂互动是师生双方的共同产物(co – product)。尽管如此,教师是课堂的主导者,可以预测课堂结束时的教学结果,也即教学计划的完成。而对学生而言,他们在课堂教学过程中,得到的是教师提供的目的语输入、练习、使用机会,以及对另一种语言和文化的开放态度。由此可见,二语课堂既有规律性又有不确定性。

(一)课堂互动:Flanders 的"互动分析类别表"

早期对二语课堂语篇研究的基本方式是使用互动分析法记录课堂语篇特点。互动分析:研究者根据自己对二语课堂的看法对课堂语篇的主要方面进行甄别。比如教师提问、板书等,然后把这些主要方面进行归类,分项列入统计表。使用者在观察实际课堂或分析课堂录音、录像时,根据表中各类课堂行为出现的次数进行统计进而计算频率、比例,从而描述所研究课堂的特点,甄别最能促进学生语言进步的课堂行为类别,比较不同课堂语篇等。

20世纪六七十年代二语课堂研究者大都使用此类方法进行研究。据Long统计,当时一共有22个此类分析表,有的把课堂行为分为83类,有的只有7类,使得不同研究之间很难比较。早期最有影响的互动分析工具是Flanders的"互动分析类别表"。该分类表最初设计的目的是为了培训教师,因此关注点主要在教师课堂行为上。

互动分析法后来逐渐被其他研究方法取代。对它的批评之一是研究者以符号标记课堂行为,把课堂师生互动之间的关联割裂开来,只有数字,没有过程,不知效果,因此很难还原整体课堂过程。Long对互动分析法的局限性做了非常好的总结。

有研究者使用Flanders的互动分析表观察描述汉语二语课堂,研究者先以符号标注表中各类课堂行为出现的次数,然后使用统计软件进行计算,在此基础上对这堂课的过程特点进行分析。研究结果部分如下:教师说话比例低于常模,学生说话比例高于常模,教师提问比例高于常模;教师多数时间是在指令、讲解、提问,学生主动参与时间不足整个参与时间的1%;整体课堂是按照教师提问—学生回答—语言点操练顺序进行,操练时间占整堂课时间的80%以上。从以上研究结果来看,这是一堂非常典型的听说法课堂。研究者对这种教学方法持肯定态度,认为相对于国内以教师讲解为主的第二语言课堂,这堂课学生张口说话比例高,值得国内教师借鉴。

(二)交际课堂"语言教学交际行为记录分类"

20世纪80年代交际法开始风靡二语教学领域,但是在交际法这个大架构之下,不同的教师有着自己具体的教学方法,相互之间很不一样。为了适应研究、记录交际法课堂教学过程的需要,Allen、Frohlich&Spada根据交际教学法理论和心理语言学中关于习得理论的解说设计了一套课堂观察项目表,称为"语言教学交际行为记录分类表"。这套观察项目表依然使用互动分析法对各种课堂行为分类,但克服了之前研究者提出的一些缺陷,比如加上开放式描述部分,课堂行为分类更全面、细致。

语言教学交际行为记录分类表分为上下两部分。第一部分围绕交际课堂的中心"课堂活动"设计。大类别的第一项是课堂活动开放式描述,然后是活动参加者组织结构(整班还是小组)、活动内容(组织课堂还是关注语言形式)、活动涉及语言技巧或活动形式(听、说、读、画图)、活动使用材料(阅读材料长度、是否真实语料)等。每个小类别再细分,如关注语言类又细分为语言形式、功能、语篇等。第二部分用于记录课堂互动中的交际特点。

语言教学交际行为记录分类表推出之后同样遭到批评,其中一类是过于繁复,难以应用,主观性过强,有时让使用者难以为某一课堂行为归类。Spada&Frohlich 又出书解释该表的使用。他们总结说,这套观察工具得到了业界广泛的认可,有很多研究者在使用,较具权威性,记录的课堂行为也比较全面。但也有研究者不同意这样的结论,比如 Ellis. 他认为,语言教学交际行为记录分类表可以让研究者量化课堂互动过程,记录、比较二语课堂的交际程度,使得不同课堂的比较成为可能。

交际式教学的片段更接近自然语境,师生互动更真实,也更具有交际法教学特点。

(三)三段式课堂话题链

对以教师为主导的二语课堂语篇研究,还有一部分研究者使用语篇分析的方式分析课堂框架,其中最有影响的是 Sinclair&Coulthard 的课堂话题链三段式,即"话题开始—回答—评论"。原先是两位学者根据语言学和社会语言学理论对第一语言课堂语篇的描述,其中师生对答的三段式非常符合第二语言课堂上典型的师生互动,因此研究者常使用它记录分析二语课堂过程。请看下例:

教师:王朋,今天几月几号?(话题开始)

学生:今天二月三号。(回复)

教师:很好。(评论)

很多研究者发现,IRF 三段式占据着以教师为主导的二语课堂的整个过程,体现着知识传递这样一个特性,也表现了课堂教师和学生地位不平等的事实。对 IRF 还有不同的说法,比如 IRE。E 指的是评估 Evaluation,Q – A – C(Question – Answer – Comment,问题—回答—评论)等。研究发现,传统的以教师为中心的二语课堂是由一连串这样的对答链组成的,每一步可以由不同的表现形式实现,比如说第二步回复可以是对教师提问的回答,也可以是因为回答不出来的道歉;第三步教师评论可以是对学生答复的接受"是的",评价"不错"或"不对",评论"有道理",或提示"今天是二月三号还是二月四号"等。整堂课基本上是按照教师提问—学生回答—语言点操练顺序进行的,可以说是 IRF 三段式的另一种表现形式。

人们对 IRF 三段式在二语课堂普遍存在的现象持有不同的看法,大部分学者持否定态度。这些学者普遍认为,在 IRF 三段式的课堂教学中,学生没有过多的机会输出长一点的话语,也不太可能使用目的语实现更多的语言功能,IRF 不是真正的交际互动,不存在自然互动双方的交际距离,不是具有真正意义的意义沟通。Nystrand 指出,IRF 三段式与学生的学习机会呈反比,也就是说,用得越多,学习效果越差。Van Lier 也认为,在充满 IRF 三段式的课堂教学中,学生的学习主动性受到了严重的制约。但也有研究者不同意以上对 IRF 的负面评价,比如 Wells(1993)提出的,IRF 无所谓好坏,主要看当时课堂的具体情况以及使用 IRF 所要达到的课堂目的。

研究者对 IRF 三段式的每一话轮都非常关注,但引起人们最多兴趣的是最后一个话轮:教师反馈(下两节对第一和第二话轮再做讨论)。比如 Lerne 和 Seedhouse 对教师第三话轮零反馈进行了研究。Lerner 认为,零反馈是教师给学生机会继续原来的话语;Seedhouse 认为,零反馈是教师对学生回答的正面肯定。更多的研究者关注教师反馈的不同功能。Jarvis&Robinson 对小学英语外语课堂上教师第三话轮的特征进行了详细分析,指出第三话轮不仅是对学生回答的总结或评价,更是在扮演推动师生话语互动发展的角色。Waring 通过对教师正面反馈(如不错、非常好)的研究提出,这类充满鼓励的评价其实对学生的语言发展起着制约作用。Nassaji&Wells 调查了小学自然、艺术课上的三段式对话,发现评估式反馈阻碍了学生的话语输出,不能很好地促进师生互动的进一步发展,但包含其他信息的反馈则能够很好地促动学生继续输出,可以使课堂互动变成自然环境下的互动。Cullen 将第三话轮中的教师反馈分为评估式反馈和话语性反馈,认为两者之间有本质的不同,话语性反馈更加具体、丰富,创造了一个师生讨论的平台,促进了三段式话语的延续。例如教师根据学生的回答可对学生的话语进行重述,进而促使学生注意语言形式。请看下一段课堂对话片段:

教师:王朋,你<u>每天早上</u>做什么?(话题开始)

学生:我听中文录音。(回复)

教师:你<u>每天早上</u>听中文录音。(评论)

学生:我<u>每天早上</u>听中文录音。(回复)

在这一段对话片段中,教师没有用简单的评价结束学生的回答,而是重述了学生的回答并加入学生没使用的时间状语"每天早上",学生在此基础上又做了回应,加上了时间状语,因此这段对话片段成为了 IRF(R),而最后这个 R 也就是 Lyster&Ranta 所称的"领悟回应",是学习者对语言形式掌握并使用的外在表现。对于 IRF 三段式的第三步——教师反馈的研究是目前二语课堂习得研究的热门话题之一,我们将在第三章和第六章展开详细讨论。在此我们要特别指出的是,IRF 三段式并不是二语课堂进程的唯一架构模式,由学生开始并掌控的话语篇章也出现在二语课堂上,比如任务教学课堂、小组活动等。

(四)话轮转换和话语修复

针对第二语言课堂语篇特点,另外一批研究者使用会话分析的方式,描述课堂互动参加者在会话的每个环节是如何弄懂对方意思又如何回应的。他们最为关注的是课堂话轮转换和话语修复两个问题。话轮转换是指人们会话语权交接的过程;话语修复是指在会话中出现问题交流不能继续下去时(如听不懂)人们修复的过程。

在自然语境中,几个人说话时一般一次只有一个人在说话,这个人可以挑选下一个说话人,也可以让在场的其他人自我选择做下一个说话人,此时通常有几个人都要选择做下一个说话人,形成一种话语权"竞争"状态。但在传统第二语言课堂上,这种话轮转换机制通常并不存在。Lorscher 在调查德国英语外语课堂时发现,话轮转换权几乎全部掌握在教师手中。教师挑选下一个说话人,学生说完后也会把话语权再还给教师,教师也有权打断或终止学生的话语权。Van Lier 总结出二语课堂话轮和话语修复的基本规律:在全班共同活动时,或一个学生在说话又或很多学生一起说同样的话,如果情况不是如此,便会出现话语修复过程。Markee 进一步总结了二语课堂话轮转换机制,话语题目是教师事先决定的,话轮转换到学生时通常是一起说;一般来说,教师的话轮长,学生的话轮短,如果学生话语长至句子,那他们便是或就是被教师要求展示知识,这些都表示了师生之间话语权的不平等。

上述描述的主要是以教师为主、以语言形式为纲的传统二语课堂。然而,现在许多二语课堂并非自始至终都是如此,如很多教师会让学生做活动,课堂任务为主或为辅。在这些课堂上,话论转换机制与上面描述的有所不同。Seedhouse 把不同课堂教学语境分为四类:(1)以语言形式为主的教学语境,课堂关注点在语言的准确性上;(2)以意义表达为主的教学语境,课堂关注点在语言使用流利性上;(3)任务活动教学语境;(4)组织课堂教学语境,比如教师讲解如何做某项活动。这些不同的教学语境会有不同的话轮转换机制。

课堂上的"话语修复"是会话分析研究者的另一关注点。Sacks、Schegloff&Jefferson(1974)总结说,在自然语境中,话语修复可以:(1)自我开启修复过程并自我实施修复;(2)自我开启修复过程但他人实施修复;(3)他人开启修复过程但自我实施修复;(4)他人开启修复过程并实施修复。在自然环境下的会话过程中,第一种可以说是最理想的话语修复过程,第四种最不理想。但研究者发现(如 Seedhouse.2004),在二语课堂上,特别是在"以语言形式为主"的课堂语境中,第三和第四种修复过程更为常见。这类话语修复的过程通常是:教师让学生提供一个正确的话语片段但学生给不出来,在这种情况下,教师会给学生机会实施自我修复,如果学生修复失败,教师会自己实施修复或让另一个学生修复,无论教师鼓励犯错学生自我修复还是让其他学生修复,都为学生提供了学习机会。但在实际课堂上这种情况并不常见。Seedhouse 发现,在"以意义表达为主"的课堂语境中,话语修复往往跟自然话语语境相似,教师也往往会忽略语言错误,允许学生用简单甚至错误的语言。除非"意义沟通"失败,学生不修复错误就不能继续沟通下去。

二、第二语言课堂中的教师

教师在第二语言课堂上必须增加与学生的沟通,改善与学生的人际关系,才能达到降低学生的情感屏障的目的,以促进第二语言习得。

参加过摇滚音乐会的人或在影视上看过摇滚音乐会的人都知道,摇滚音乐会不同于其他音乐会,摇滚乐演唱者不同于其他音乐演唱者。在其他音乐会上,观众往往是比较被动的,只坐在那儿静赏音乐,并不参与演出,与表演者也没有积极的沟通。同时,戏是表演者的戏,表演者并不期待观众的表演参与,表演者与观众的沟通仅限于观众对表演者演奏的音乐的理解和对表演者演技的欣赏。然而,在摇滚音乐会上,观众先为观众,欣赏音乐,然后渐渐转为积极主动的参与者,或称为台下的表演者。随着音乐的节奏,在台上表演者的引导下,观众引吭高歌,翩翩起舞,变成了主动表演者。此时,台上的领角,借助音乐撩动观众的心,促使观众忘我地投入摇滚乐的疯狂旋律中,最终取得"摇滚乐效应"。摇滚音乐之所以能产生摇滚乐效应,原因至少有三:一是摇滚乐的指导思想不同于其他音乐,二是摇滚乐本身的音乐性质不同于其他音乐,三是摇滚音乐表演者的表演不同于其他的传统舞台表演。

要在第二语言课堂上取得摇滚乐效应,即像摇滚乐表演者在表演中引起听众的共振一样,就要在教学中也引起学生的共鸣,促进学生对语言的认知。首先,教师需要充分的理论指导,择取符合这一教法的教材和适当的教学法。前两个条件已基本具备,现代认知科学的研究和第二语言习得理论的完善为教师打下了一定的理论基础,以交际为目的的教材也基本适合这一教法,但教学法还有待探索。从教师方面来说,教学法有几个层次:可分为课堂整体布局、教材转换为教学活动的处理及老师的教法。

所谓表演教法,就像戏剧教师教戏剧表演一样,第二语言教师通过充当课堂之剧中某一个角色来进行教学,这样学生就能够排除紧张心理,放松自己并来承担课堂之剧中的角色。这种教法有两方面:一方面教师充当角色时,让学生眼观其非语言行为,耳听其口中之词;另一方面学生也在扮演角色,教师也观其行,听其词。这就像排戏,而不像在剧场演出。剧场用舞台把演员跟观众隔离开了,限制了演员与观众的交流。教师跟学生的关系不能像剧场里的演员跟观众的关系,不能让讲台把自己跟学生隔离开来。教师跟学生的关系就像导演或演员跟演员的关系,同排一台戏。

我们先看看教师被学生观察的这方面。从视觉上来看,学生需要看到教师的教学示范,以此作为认知学习过程之中的重要部分。学生的视觉感没有得到满足时,就会尽力去争取。例如,在语言实验室里,学生若发现自己坐在看不见教师的座位上,就会移动到看得见的座位上去;要是没有空位,就会要求教师站到被看得见的位置上去。又例如在教室里,后面的学生若被前面的学生遮住,就会移动身体去观察教师。学生在课堂上对视觉的要求往往跟他们的学习动机成正比。了解到学生在课堂上有视觉要求,教师可以通过非语言行为,从面部表情、手势及在课堂上的位置三方面来调动学生,使自己率先进入课堂之剧。

首先,面部表情包括目光对视和微笑。目光对视是课堂内外引人注意的最有效的人际交流手段之一。通过目光对视,学生可以从教师的眼神里看出教师是否关心他们,鼓励他们。借助目光对视,教师可以了解学生对课堂活动的反应,而做出相应的调整。目光对视应该伴以微笑。有研究表明,学生认为,朝个别学生或全班学生微笑是一种密切性行为,可以促进教师和学生间的关系趋向密切。与学生适当的目光对视及适当的微笑在课堂上可以当即取得密切性效应。

其次,手势也是在课堂上表示密切性的行为之一。虽说手势一贯被当作避免废话,加快授课速度的手段。手势可分为两种,朝全班性的和朝个别学生性的。手势的意义度和其幅度是成正比的。朝全班的手势要大幅度,而朝个别学生的幅度要适当小些。学生常常认为,朝全班的大幅度的手势是一种力量和密切的表现。朝个人的小幅度手势则是诱导及肯定个体的密切性的表示。相反,朝全班的手势幅度若过小,则显得无力,无朝气,不热心;而朝个人的手势幅度若过大,则显得过于武断。据观察,舞台上的演员一般不朝观众指点。同样,教师也不应该朝学生指点,打手势时,应把手背朝学生。手背朝学生的手势更吸引学生,拉近学生;而手心朝学生的手势则对学生有威胁性和排除性。除此之外,手势还可表示表扬和赞同,起进一步加强密切性的作用。总而言之,课堂中的手势就像戏剧中的表演动作,带有以下三个特征:一、表示从激烈到微妙不等的力量程度;二、具有方向性;三、在时间上做得可快可慢。当然,教师也要注意到手势的民族性和文化性,同一手势在不同的文化观念里可能有不同的象征意义,这一点也应是教师择取适当教法时需要注意的因素。

最后,教师在课堂上的位置对学生与教师的心理距离起决定作应。有关研究指出,上课时,学生常常把教师在学生中走动当作密切性的表现;教师把自己限在讲台之后,学生则认为是疏远的,有架子的表现。教师与一组学生或个别学生对话时,应该走近学生,并适当降低姿势,才开始与学生对话。离学生较远时,教师讲话,得不到学生应有的注意;教师讲话姿势太高时,学生感觉教师高高在上,并感到很受压抑,不敢多问。同时,教师也要注意"动"与"静"的对照,这一对照是最具戏剧效果的,也是戏剧的基本特性之一。在课堂上,教师走动时,学生虽说期待着下一个活动,但并不会注意教师在此时此刻给予任何指令。走动之后,教师停下来不动,或回到讲台后不动,学生就会全神贯注。此刻是给学生布置作业或布置活动的最佳时机。教师选择"动"还是"静",要看教师是想表示密切性,还是想让学生集中注意力。

除了让学生观其行,教师还要让学生听其词。说话时,通过控制音量、话的长短,及说话的时机,教师可以取得与学生沟通的最佳效果。一般而言,教师跟个别学生说话,声音要低些,跟全班同学说话,声音要高些。当然,教师也要考虑到学生的个性。跟胆小害羞的学生说话,教师声音低,学生会觉得教师亲切;跟胆大不怯场的学生说话,教师声音高,学生也会觉得教师亲切。相反,跟胆小害羞的学生说话,教师声音若高,学生会觉得教师可畏;跟胆大不怕事的学生说话,教师声音若低,学生就会觉得教师生疏,甚至无力。

教师讲话时,还有话长话短的问题,以及什么时候说什么时候不说的问题。先议话长话短的问题。学生开展活动前或完成活动后,教师可以稍说长一点,因为学生活动前需要明确的指令,完成活动后需要适宜的评价。学生活动中,教师要尽量少说话,因为说多了不是打断学生的活动,就是垄断学生的活动,把课堂变成了一言堂。

当然,教师可选择学生活动前后说话,也可选择活动中说话,可是一般应选择学生活动前后说话为佳,除非别无选择。教师打断学生的的活动,学生觉得是一种武断的,不友好的行为。总之,在课堂上,教师在什么时候,用什么方式给予指令,这些都跟师生间的密切性有着不可分割的联系。

上面谈到教师在课堂上为学生所观察,教师的言行决定师生间可否产生密切性,可否调动学生参与课堂活动的积极性。学生一旦积极参与课堂活动,教师就应该迅速从被观察对象转为观察者。我们下面看一实例,看怎么创造密切性,怎么成功地转换角色。在课堂上教颜色词汇时,教师可提前布置学生穿色彩缤纷的衣服,也告诉学生教师自己会穿上鲜艳的衣服。上课时,教师从自己的衣服开始提问,问服饰的颜色,甚至问学生对服饰的评价。教师这样做会使学生觉得格外亲切,学生也就会放松自己,参与谈话。看见教师的衣着跟他们的一样色彩鲜艳,学生也会情感亲切。当学生高高兴兴地谈论教师的衣服色彩时,教师则走入学生中,一边观察学生衣服颜色,一边缩短自己跟学生的距离,这时,教师可以开始问学生班里谁穿的色彩最丰富、谁着的色彩最可观。这就是把学生引导到语言活动中去,让学生自己充当角色。学生进入了角色,教师就可以开始观察了。此时的教师不是传统意义上的教师。学生可能不再把教师当教师看了,而把他当作同排一台戏的伙伴,暂时忘却了教师这个监督角色。而大胆自如地进行语言实践。这种情形并不贬低教师的作用,相反正说明教师发挥了充分作用,创造了一种最轻松的学习气氛。此时此刻,教师就进入了"表演教法"的最佳境地:

(1)演课堂戏之中看演戏;

(2)作为戏中的角色,掌握表演活动的节奏,便于及时协调;

(3)易于鼓励学生,跟学生沟通,取得合作;

(4)便于和学生交流思想,促进了解。

这就取得了所谓"摇滚乐效应",呼与合的效应。在摇滚音乐会上,摇滚乐歌星起导火线作用,其音乐、音乐的理解、音乐的表演都必须在听众中造成反响。一旦观众身心受音乐的吸引,就不自觉地成了摇滚乐明星之一,伴乐而舞而歌,歌星通过音乐与观众协调。在课堂上,教师一旦引起摇滚乐效应,让学生自己进入语言实践,就可通过活动节奏与学生协调。

总而言之,在表演教法中,教师把课堂当舞台,自己演个角色,以此跟学生建立密切关系,带动学生无忧无虑地进入课堂活动,充当角色。师生同时进入角色,容易达成共识,分享学习心得体会。学生也不会惧怕某种由上而下的压力而影响语言实践。从方法上来看,教师先示范,后观察。从功能上,教师先引导一段,再帮一把,最后推一把,学生从依靠教师、需要教师,到脱离教师而活动。

第二节　第二语言课堂互动

一、互动分析

(一)课堂

自古以来,课堂就是教师教和学生学的主要阵地,是培养人才的摇篮。有人把课堂比作浩瀚的大海,也有人把它看作一个"black box"。它既神圣,又微妙。特别是语言课堂一直受到广大教师和研究人员的关注。那么,语言课堂到底应该是怎样的一个氛围,才有利于语言的学习呢?纵观多年来教学模式与教学方法的讨论和研究,普遍认为:语言教学过程是一种动态过程,是师生相互作用和相互影响的过程。

传统教学思想指导下的施教过程,是由教师唱"独角戏",搞"满堂灌",

学生只是被动的接受者,其主观能动性被忽视,主体地位和参与意识被削弱,思维和创造精神受到抑制。

而在互动的课堂教学过程中,师生交流呈多项性,教学反馈呈双向性。在这样的教学模式下,不仅有利于发挥教师的主导作用,同时也能充分体现学生的主体作用,有利于培养学生在课堂上积极思维和主动参与意识,有利于为学生虚拟一种情景,使他们跃跃欲试,甚至各显神通,使教学在有意义,在有目的的活动中满足学生的需求、期望和兴趣。

课堂既是启迪、引导和培养学生积极学习和实践应用能力的阵地,也是学生学习语言、使用语言,展示语言技能的舞台。

(二)教师和学生

课堂语言教学过程中发生互动的主体是教师与学生。"互动"即表明不是简单的信息传递,而是积极的信息交流。"积极"则表现在互动双方都是主体,应该是参与的每一方都试图影响另一方,使交际活动在这种双方不断发出信息又不断接受信息的互动过程中进行。因此,课堂中教师与学生所扮演的角色是创设互动课堂的关键。

杰克·C·理查兹认为,在教学系统中,教师在课堂上的角色最能反映一种教学法的特点。教师的作用与教师计划要完成的教学内容密切相关。

首先,教师要发挥其主导作用。所谓的主导作用,指的是:教师是教学活动的设计者、策划者、管理者和组织者;教师是传授知识、启迪思维和释疑解惑者;教师是资源提供者、任务评估者,同时也是各种行为活动的示范者和合作者。可见,互动课堂对教师的要求很高,极具挑战性。教师必须充分调动学生的积极性,有效地组织起以学生为主体的生动、活泼的课堂活动,用有效的输入,诱发尽可能多的输出。这就要求教师具有扎实的基本功、渊博的知识、自如的口语表达能力和课堂管理能力;教师应概括精辟,重点突出,用创造性的思维和形象生动的语言将课本上的知识巧妙地转移到课堂活动中去。

首先,教师要设计好每一节课。在吃透教材,认真分析教学内容的基础上,确定适合的输入物。例如,介绍故事背景、设计启发性的问题等,利用真实性的语言激发学生参与,运用不同的方法、技术、手段和途径,通过扮演不同的角色和各自所承担的不同的任务以达到预期的学习目标,使语言学习活动化,学习活动交际化。

学生在教学中的地位和作用通常表现为学生在课堂上的主动性和参与性上,教学活动的主体是学生。

教学方法能显性或隐性地反映出学习者在学习过程中的参与程度,主要体现在活动类型、学习内容的掌握程度以及作为"加工者"、"表演者"、"发起者"和"问题解决者"等角色的理解和作用上。

杰克·C·理查兹在语言学习自主化的论述中对语言学习者有下列描述:(1)语言学习者要有自己的计划,要明确自己在课堂上的职责;(2)语言学习者是小组中的一员,自然要受到其他人的影响;(3)语言学习者有责任指导其他的学习者;(4)语言学习者不仅要向教师学习,还要向其他的学生或其他的教学资源学习。归根结底,课堂互动,相互影响是语言习得的核心。

(三)教材的创造性使用

交际型和互动型教学理论的兴起和发展使人们认识到外语教学要创造有意义的学习情景,要使用有意义的、自然的、生动活泼的、真实的语言素材,才能使课堂互动更有效。因此,创造性地使用教材应是教师的一项基本功。无论教材有多好,都不会完全适应每一个班级、学生和教师,当教师认为教材内容或编排对他的学生不适合时,教师要在吃透教材的基础上,进行再加工处理,以适应课堂互动和语言习得的需要。

教师要根据教学方法创造性地使用教材。应把教材当作"刺激物"、"诱发物",用真实性的语言刺激和启发学生积极地去探索更多更广的知识和信息。

教师要根据学生的具体情况创造性地使用教材。教师要充分考虑学生的认知、心理和情感上的需求,了解学生的兴趣、动机以及能力和知识水平等。例如,学生需要什么,为什么需要,已经具备什么能力,需要什么条件等,以使学习科学化。

教材是一种载体,是连接师生互动、生生互动的纽带。创造性地使用教材是创设互动课堂教学的基础。

二、课堂尝试与效果分析

(一)课堂尝试

根据合作学习理论,教学过程中的互动方式基本可分为下列几种类型:一是单向型,即教师把信息传递给学生的过程,教师是信息的发出者,学生是相应的接受者;二是双向型,即师生之间相互作用,相互影响,双向交流,及时反馈;三是多向型,强调师生之间、生生之间多边互动,共同提高;四是小组成员型,即师生平等参与,强调教师作为小组中的一分子与其他成员一起活动,教师不再充当唯一的信息员,而是完全融入整体活动之中。教学是一种人际交往,是一种信息互动,其间必然涉及上述四种信息互动过程和模式,缺一不可。特别是在目前课时有限、外语教学班人数较多、学生层次参差不齐的现状下,信息互动,合作学习,更能显示出其优越性来。例如,在《新视野大学英语》教材第一册第三课《A Good Heart to Lean on》的教学过程中,笔者特别注意运用互动模式,其教学步骤也正是以上四种互动方式的具体体现。

课文通过一个儿子对他的有残疾父亲在他一生中的影响的描写,讲述了他在小时候如何不愿意和父亲一起出去,长大后如何对父亲敬仰的成长过程。文章用精彩的语言举出几个例子,描述了这位矮小、瘦弱、腿有残疾的父亲的美好心灵和高大形象。儿子成熟后,才愈来愈体会到父子之间的爱和相互支撑。

根据亚里士多德"思维和兴趣自疑问或惊奇开始"的理论,本课程自始至终围绕着与学生密切相关的问题展开,其互动模式为:

(1)引入式讨论互动:"Do you love your father. Why do you bve him？Do you think your father loves you and how do you know? What kind of father can be counted as a good father"

(2)启发式提问互动:What does "good heart" mean? What kind of heart can be counted as "good heart"?

(3)延伸式讨论互动(可分小组进行):What's your unforgettable experience about you and your parents in your childhood? Have you ever said "I love you" to your parents? Why and why not?

(4)阅读后应用性任务:用课文中重要短语和表示法(例如,lean on keep one s balance adjust to 等)表述自身感受。

(5)课后真实性任务:亲口或通过电话向自己的父母说:"I love you"并描写感受。

本课以"我和父母"为主题,设计了一些课堂活动,每一个活动都不再是讲授式、讲解式、知识灌输式,而是让学生动脑、动口、动笔,切身去触摸语言,感受应用。

（二）效果调查

为了了解学生是否接受课堂互动教学模式,这种模式是否能够真正促进学生思维能力的发展,我们进行了问卷调查。在"你是否愿意在课堂被提问"一项中,64%的学生给出了肯定地回答;21%的学生无所谓;只有15%的学生回答不愿意。在"你是否愿意参与课堂活动"一项中,71%的同学是肯定的。其中,59%的同学认为互动教学课应多上一些;37%的同学认为应适当多上;而且,62%的同学认为这种模式对他们的语言能力的提高有帮助,是对应用英语语言的自然愿望的有效刺激。

另外,笔者在与学生课下交流中了解到,大部分同学认为课堂互动能大大增进师生之间的感情,从而使学生"亲其师而信其教"。由此可见,课堂互动过程也是情感渗透的过程。成功的情感渗透和沟通,不仅影响学生知识的掌握,而且影响他们的兴趣爱好和品质;成功的情感渗透和沟通,使学生的心灵得到启迪,情操得到升华,品质得到淬炼,人格得到完善,是超越语言学习的学习。

我们可以看出运用互动模式进行课堂教学是师生双赢策略:有利于发挥教师的主导作用,确保教学过程始终按照教师精心设计的程序进行,有目的,有步骤,有方法,以达到预期的效果;有利于调动学生的主观能动性,提高全员参与性,体现学生的主体作用,有效刺激学生在真实环境里应用英语的愿望,以优化学习效果;有利于促进师生情感交流,从而激发学生的学习动机,既提高智商,也培养情商,具有超越语言学习的效果。

第三节　课堂任务教学与语言产出

一、任务型学习

许多教学方法研究者对语言输入的性质并不十分注重,而是强调学生参与的学习任务,他们一致认为学习语言不能脱离语境而获得,更不能专学一些语法知识,而只有通过更进一步的语言体验才能习得。20世纪70年代,英国应用语言学家 Allwright 进行的实验对传统的语言教学观点提出了挑战,他认识到:如果教语言的教师组织课堂活动仅仅是为了让学生用目的语来解决交流问题,那么学习语言就是为教语言而教语言。这也就是说没有必要正规地学习语法,而只要求学生自觉地运用目的语进行交流活动,学生之间交流得越多,就越善于运用语言。

Allwright 的实验是在 Exxes 大学进行的,那里许多外国留学生正准备参加研究生考试(当然要求他们讲英语),要求他们去完成一些任务,而这些任务是必须使用英语才能完成的。教师不会帮助他们或给他们讲述有关语法等,他们也不去纠正学生的错误。学生不断地进行一些英语交流活动,或被派到图书馆去查如何使用卡片索引,或必须去面见某位教授去获取某些信息等,这样做取得了令人满意的学习效果。与此同时,1979 年印度语言学家 N. S. Prabhu 在印度南部的 13angalore 进行任务型学习项目研究的他和他的同事不满传统的教学方法和包含系列语法的教学大纲。正如 Allwright 一样,他认为如果学生们还像往常一样集中学一些语法结构,其结果很可能只是学到一些语法,如果课堂上或学习语言过程中重视语言表达,语言就会随意学到。他们所设计的教学方法是通过完成一系列需要解决问题的任务来达到学习目的。在解决问题的过程中,学生自然就会接触到目的语,因为学生在积极参与完成任务的过程中必须使用语言。Prabhu 和同事们一起筹划的叫做程序大纲一般的教学大纲由一系列语法规则和功能组成,而 Bangalore Project 项目的教学大纲则编写了一系列系统的学习任务,其中包括查找地图,解释时刻表,或根据对话或短文回答问题等。而课堂上师生之间的主要互动就是回答这些问题,完成查生词、词组等预备任务。

由此可见,任务型学习是双边或多边的交互式活动。在活动中所学语言是交际的工具,学生能够感到知识和技能在交际活动中的相互作用及其价值,因而会加强学生的自觉性和主动性。

(1)任务驱动型学习有较明确的目的,有利于激发学生的学习动机。

(2)在完成任务的过程中,学生容易看到成就,体验成功,有利于激励学习的积极性。

(3)在完成任务的过程中学生能感到自我的不足,有助于激发自我完善的欲望,启动不断学习的内驱力。

(4)在执行任务的过程中,每个学生都承担着一定的责任,因此在任务活动中进行技能教学,有利于培养责任心责任心是完善技能的内在驱动力。

(5)在任务型学习中,有较多的人际交往,有较多的机会思考、决策、应变,因此有利于培养学生的性格、情感,发展运用交际策略的能力。

(6)在任务型学习中,每个学生都扮演着一个角色,需要全身心的投入。这种身临其境的感觉,有利于语感的生成,有利于自然熟练地运用语言技能。

二、任务教学法

英国 Aston 大学 Jane Willis 在其论著中提出:任务教学法(TBA)。其教学口标定位在学习过程和完成任务的操作过程上,注重学生的思维量和活动量;重视不同发展水平,不同潜能学生的个体特征;关注学习过程上的各种学习体验。TBA 体现了以学生为中心的原则,能够激发学生的学习兴趣,其优势在于:

TBA 反映出外语教学从重视语言知识向重视语言交际能力的方向转变,体现了外语教学从重视教师的作用转为重视学生的作用,从以教师为中心转为以学生为中心。以交际理论为基础的 TBA 宗旨是引导学生解决问题,在解决问题的同时习得语言和掌握运用语言的规则。它重视学生运用语言的能力,在教学过程中强调学生交际技能的掌握,如完成角色扮演、小组讨论、两人对话、分组辩论、回答提问、模拟采访、民意测验和陈述报告等交际任务,同时还要求学生模仿课文的内容与各种文体的短文,如记叙文、议论文及应用文等。

现代外语教学理论主张把听、说、读、写看成是一个整体,既有联系又互相作用,但不是独立的。在 TBA 教学法指导下的教学活动中,每项活动都有若干任务,这些任务包括一种或多种技能训练,只是侧重点有所不同。如以阅读为主的活动任务主要是读、写、说;而以听说为主的活动主要是听和说。因而 TBA 教学法综合训练了学生的四种技能,符合语言习得的自然规律。

TBA 的主要优势在于外语教学运用真正目的意义上的真实交际。其目标是集听说读写四项技能于一体。在 TBA 模式中,在可用的任务其范围内提供了一个很大的弹性空间激发学生学习活动。

(一)任务型教学模式的涵义及特点

1.任务型教学模式的涵义

任务型教学(Task—Based Learning)是当前交际法发展而来的。它是20世纪80年代外语教学研究者经过大量研究和实践提出的一个具有重要影响的语言教学模式。该模式是20年来交际教学思想的一种发展形态,它把语言运用的基本理念转化为具有实践意义的课堂教学方式。学生在教师的指导下,通过感知、体验、实践、参与和合作等方式实现任务的目标,感受成功。该模式提倡"意义至上,使用至上"的教学原则,是一种以人为本,以应用为动力、目标和核心的教学途径,要求学习者通过完成任务,用目标语进行有目的的交际活动。

任务型教学模式中的"任务"可分为两类,一类是"教学任务",即学生在课堂上的学习活动;另一类是"真实任务",即在日常生活中从事的各种各样的事情。"任务"中的问题不是语言问题但需要用语言来解决,学习者使用语言并不是为语言本身而是利用语言的潜势达到独立的交际目的。

2. 任务型教学模式的特点

D. Nunan,J. Yalden,P. Shelkan 认为任务型教学模式是交际法的一种新的形态,是交际法的发展,而不是交际法的替代物;任务型教学强调教学过程,力图让学生通过完成真实生活任务而参与学习过程,从而让学生培养或提高运用英语的能力;任务型教学虽然强调学生运用英语进行交际的能力,但从更广泛的层面强调培养学生综合运用能力;任务型教学强调以真实生活任务为教学中心活动,改善了以功能为基础的教学的活动中存在的真实性不足的问题;任务型教学要求教学活动要有利于学习者学习语言知识、发展语言技能,从而提高实际语言运用能力。

(二)任务教学模式的可实施性

1. 教学内容的设定

在英语教学中首先要设定任务的目标,即通过让学习者完成某一项任务而希望达到的目标。它可以是培养学习者说英语的自信心,解决某项交际问题,也可以是训练某一写作技巧等。其次输入材料必须具有真实性,应以现实生活中的真实交际为目标使学习者在一种自然、真实或模拟真实的情景中体会语言,学习语言而不是局限于教材。再者要根据教学材料设计相应的多种的教学活动。任务的设计要由简到繁,由易到难,前后相连层层深入。形式是由初级到高级任务,再由高级任务涵盖初级任务的循环,并由数个微任务构成一串"任务链",使教学呈阶梯式层层推进。

同时它可根据不同层次学习者的英语水平创造出不同的任务活动,在充分体现以学生为主体的教学理念的前提下,让学生通过与学习伙伴合作、协商去完成任务。整个的学习过程是充满了反思、顿悟和自省的活动型的学习方式,从而可最大限度地调动学习者学习的积极性和主动性,提高他们发现问题和解决问题的能力,发展他们的认知策略,培养他们与人共处的合作精神和参与意识,并在完成任务中体验成功的喜悦,获得成就感,实现自我的价值。

2. 任务设计的原则

首先任务的设定要具有真实性和功能性。在任务设定中所使用的教学输入材料应来源于真实的生活。但"真实"是一个相对的概念,它可以是来源于出现在课堂教学的教材,同时教师要创造出一个新的语言环境,并根据在该任务中所学到的知识点提出一个需要解决的(交际)问题,选择真实性事件或情景作为驱动学生学习的动力性任务,可使学生在完成任务过程中运用刚学过的语言知识解决某一情境下的交际问题,也可使学生运用已有的语言知识、策略及技能来探索运用英语的规律。学习者在学习英语的过程中普遍存在着语言脱离语境、脱离功能的现象,即学习者可能掌握了语言不同的拼写形式和相应的含义,但不能以适当的形式得体地表达意义和功能。而任务设计的原则是在真实性原则的基础上将语言形式和功能的关系明确化,让学习者在任务履行中充分感受语言形式和功能的关系,以及语言与语境的关系,从而增强了学习者对语言得体性的理解。

任务的设定要具有连贯性。Nunan 曾提出过"任务依属原则",即课堂上的任务应呈现"任务链"或"任务系列"的形式,每一任务都以前面的任务为基础或出发点,后面的任务依属于前面的任务。换言之,一堂课的若干任务或一个任务的若干子任务应是相互关联,具有统一的教学目的或目标指向,同时在内容上相互衔接的。因此这样的任务系列就构成一列教学阶梯,学习者能一步一步达到预期的教学目的。

教学任务的设定要具有实用性、可操作性和趣味性。英语课程不仅应打好语言基础,更要注重培养实际使用语言的能力,特别是使用英语处理日常和涉外业务活动的能力。因此在任务设计中要避免为任务而设计任务,任务设计者要根据学习者的专业特点和他们将来就业方向的特点来设计教学任务,并尽可能为学习者的个体活动创造条件,利用有限的时间和空间最大限度地为他们提供互动和交流的机会,从而达到预期的教学目的。在英语教学中普遍存在着教学任务多但课堂时间少的现象,因此在任务设计中要尽量避免环节过多、程序过于复杂的课堂任务,必要时可为学习者提供任务履行或操作的模式。任务型教学法的优点之一就是通过有趣的课堂交际活动有效地激发学习者的学习动机,促使他们主动参与学习。因此要尽量避免机械的、反复重复的任务类型,取而代之的是形式多样化的、趣味性的课堂教学任务。

(三)任务型教学法的基本原则与教学过程

任务型教学法是指"将任务置于教学法焦点的中心,视学习过程为一系列直接与课程目标联系并为课程目标服务的任务,其目的超越了为语言而练习语言",即一种将任务作为核心单位来计划、组织语言教学的途径。纽南(Nunan)提出了任务型教学法的五条原则:

1.真实性原则;

2.形式—功能性原则;

3.任务相依性原则;

4.做中学原则;

5.脚手架原则——给学生足够的关注和支持,让他们在学习时感到成功和安全。

任务型教学过程分任务前阶段、任务环阶段和语言焦点阶段。任务前阶段包括介绍话题和任务。在这一阶段教师和学生一起探讨话题,着重介绍有用的词汇和短语,帮助学生理解任务指令和准备任务。这个阶段主要为学习者提供有意义的输入,帮助他们熟悉话题、认识新词和短语,其目的在于突出任务主题、激活相关背景知识、减少认知负担。

任务环阶段包括任务、计划和报告。学生以结对子或者小组活动的形式完成任务,教师不直接指导。学生以口语或者书面的形式在全班汇报是怎样完成任务的,决定了或发现了什么,最后通过小组向全班汇报或者小组之间交换书面报告的形式比较任务的结果。这个阶段为学习者提供了充分的语言表达机会,强调语言的流利性,交谈中语言的使用应该是自然发生的,不要求语言的准确性。

语言焦点阶段包括分析和操练。在这一阶段着重分析课文中出现的语言特点和难点。在分析中或者分析后教师引导学生练习新的词汇、语法并指出语法系统是极其有价值的。这个阶段的目的在于帮助学生探索语言系统知识、观察语言特征并将它们系统化,从而清晰、明了地掌握这些语言规则。

任务型教学的倡导者认为,掌握语言的最佳途径是让学生做事情,即完成各种任务。当学习者积极参与目的语的练习时,语言也被掌握了。学生注意力集中在语言所表达的意义上,努力用自己掌握的语言结构和词汇来表达自己的意思,交换信息。任务型教学追求的是给学生提供大量的、尽可能丰富的内容,让学生明确自己的学习目标,并在交际过程中,合理分配注意力,从而使语言得到持续、平衡的发展。

(四)任务型教学法的优缺点

1.任务型教学法的优点

任务型教学法是对交际法批判式的继承与发展。交际法采用功能——意念大纲来确定教学内容和目标;而任务型教学法以任务为核心计划、组织教学、制定任务大纲,以任务的完成为教学目标。任务型教学法认为外语学习的实质条件是真实的语言环境、大量的目的语输入和输出机会以及学习者之间的意义协商,而交际法缺乏大量的语言输入和输出机会。任务型教学法采用任务组织教学,为外语学习创造了必要的条件。选择与生活相关的交际任务能够为学习者创造接近自然的语言学习环境,促进完成任务过程中学习者之间的互动、意义协商,并提供大量的语言输入、输出和验证假设的机会,这本身就能够甚至足以推动学习者语言能力的发展。

任务型教学法的重要创新在于提出了形式—功能性原则,即让教师与学习者明确语言的形式与语言的功能之间的关系,因此任务的设计注重语言形式和功能的结合。任务型教学法对语言结构的关注并非期望学生一次性地掌握课堂中出现的语言形式,而是为了让学生对语言结构知识引起相当的注意,形成一定的认识,逐渐整合到发展中的中介语系统中,最终形成语言能力。具体地讲,学生通过完成听、说、读、写等任务,对语言进行积极的认知加工,在感知了语言形式所承载的意义的基础上获得综合语言技能的发展。在教学实践中,教师依据该原则让学生结合特定的语境观察、分析等概括出语言的规则,从而改变教师主要通过讲解、灌输语法的教学方式。同时使学生更加明确自己的学习目标,并在交际的环境中,合理分配注意力,从而使语言得到持续、平衡的发展。

任务型教学法从人的发展角度设计教学任务。任务教学法以任务为分析单位,编制大纲、实施教学,通过任务使语言系统与语境联系起来,把教学的重心从形式转移到意义上来。它可以让学生在使用语言的过程中学会语言,并为学生创设发现学习、探索学习的情景和条件,促进学生的认知能力和智力,从而确立学生在教学中的中心地位。学生通过组织语言、使用语言,去寻求答案、解决问题、完成任务。语言系统知识的掌握已不是教学的终极目的,它只是发展学生交际能力、解决问题能力的手段。任务型教学法体现了沟通与合作、真实性、关注过程、重视学生主体性参与、学用结合等特点,毋庸置疑,它是外语教学法又一次巨大的进步与创新。

2.任务型教学法的缺点

任何一个教学法流派都是得失同在,任务教学法也存在着不足以及许多有待解决的问题。首先,任务教学法的理论依据主要是第二语言习得理论,强调语言学习的重点应放在意义上。语言形式虽然也受到一定的关注,但处理语法的方法主要由教师根据主观经验做出判断,是随意且缺乏系统的。其次,任务的选择、分类、分级与排序还存在不少的困难,更谈不上达成共识。

因此,要真正做到系统有序地以任务为中心来开展教学,还得在课程大纲研制、内容的选择、教材编写的层次上下工夫。

(五)任务型教学模式在英语教学中的运用

以阅读课为例说明任务型教学在英语教学中的应用。

1.阅读准备阶段

通过活动,激活学生头脑中已有的知识,为下面的阅读做好准备。这一步骤类似于我们经常说的导入,不同的是教师由过去的背景知识的介绍者,变为活动的组织者、任务的提出者,以及激活学生头脑中已有知识的帮助者和引导者。

2.阅读理解阶段

这一步骤是由学生自主完成的,是一种个体完成的任务。教师的作用是对学生的阅读过程进行控制,以及对任务的完成情况进行评价。学生的阅读活动一般分两个步骤进行——速读和精读;教师通过阅读问题来引导学生有目的地完成速读和精读,并通过学生的回答来检测学生的阅读效果。因此,虽然学生的阅读活动是一种个体任务,但对这一任务的评价是通过师生互动及学生之间的互动完成的。

3.语篇分析阶段

这里所指的语篇分析并非语法以及同汇的讲解,而是在教师的引导下,结合阅读材料的语篇内容和语篇结构,指导学生整体把握、深入理解语篇,并建立相应图式。这一环节的活动多为小组活动,通过学生合作画结构图来帮助学生建立清晰的关于课文的图式。

4. 课文巩固深入阶段

这一环节容易与我们过去所说的操练相混淆,不同的是,练习强调的是语言的形式,无现实意义;而任务型课堂中为了巩固所学知识所进行的活动侧重语言的意义,且具有现实场景。这一环节的活动多以小组活动或班级活动为主,通过设置现实场景,让学生在一个真实的环境中,运用所学知识进行交流,从而进一步巩固所学知识。

5. 课文学习的延伸阶段

学生阅读的目的是为了获取信息,也是为更广阔的交流提供保障。而在课堂上为学生提供一个进行更广阔交流的机会和环境,可以使学生产生进一步阅读相关内容的兴趣。同时,有助于培养学生的创新精神,发展他们的个性。这一环节多由教师设置一个讨论题目,小组进行讨论,这样有助于全体学生获得锻炼的机会。然后,在全班范围内交流,大家共同分享成果。

6. 课文学习的迁移阶段

阅读教学常常与写作教学相结合,是因为在阅读的基础上进行的写作练习,难度大大降低了。因此,在上一步骤讨论的基础上进行命题或自选题作文,有助于学生英语水平的全面提高。在 Winter Sleep 一文中,笔者利用 Power Point 制作课件,同时由阅读前、阅读中和阅读后三个任务组成,前两个任务是主题型任务,而后一个任务是挑战型任务,每一个任务当中又包含一些小任务:

(1)阅读前任务

用多媒体播放大雪天一只小松鼠在树洞里吃坚果的画面,然后提出以下问题:Why is the squirrel hidden there?

用多媒体展现一些可爱小宠物的动画形象,然后问学生:"Do you have any experience to live with animals?"学生马上用英语说出各自在对待动物方面一些难忘的经历,动物的银幕形象迅速激活了课堂,激活了学生的阅读兴趣,使他们产生了强烈的阅读愿望。

(2)阅读中任务

首先让学生快速阅读,了解主旨大意。

让学生在规定时间内默读完课文并找出每段话的主题句和文章的中心

句,然后用多媒体播放从 VCD 中截取的配有精彩画面的课文录像,让学生边听边看,并要求他们归纳每段大意,这样,学生不仅完成了任务,又不感觉枯燥乏味,进而指导学生进行精读,获取更多信息。

为了帮助学生了解更多的信息,构建较详细的语义图像,笔者就不同部分设计了不同形式的任务,而且每张都尽可能地声像、图文并茂,以吸引学生的注意力。

在速读和精读的基础上,引导学生再次阅读课文,从整体上把握课文结构和作者的评价,从中得到启发。

(3)阅读后任务

通过前面几个环节的教学,学生对课文的信息以及相关的跨学科知识有了较为全面的理解。为了让他们成功运用所掌握的语言形式,笔者采用了话题讨论,提出问题,然后让学生在小组中发表自己的观点,然后每组推选一人汇报小组讨论情况。这样一来,整个课堂气氛达到了高潮。英语任务型教学强调了学生语言运用能力的培养,注重发展学生的学习策略,促进了学生创新精神和实践能力的提高,充分体现了以教师为指导,以学生为主体的素质教育理念,在课堂教学中越来越显示出它的优越性。同时我们也应注意到在实施任务型教学中所出现的一些问题,比如教师如何更新观念,如何合理安排教学进度,及如何正确处理能力培养和考试成绩的关系等,这些都有待于我们在今后的教学实践中不断探索、总结和逐步规范,使这一教学模式更富有生命力。

三、课堂任务教学对语言产出的影响

任务前准备可以提高语言输出流利度和复杂度,但对准确度影响不大,原因之一是学生首先把注意力资源放到内容表达上,而非语言形式上;另外,任务其他因素也对语言输出三"度"产生影响,比如学生对语言学习的态度、任务内容与类型、准备时间长短、语言水平高低、是否提供实施提纲、是否要求使用特定句式等。

如果在学生正式实施任务之前给他们提供演练机会,对他们最终的语言输出质量有益。这一研究发现具有重要的教学实践意义:在教学中,我们可以有意识地安排学生重复做同一任务、同类任务或内容相近但形式不一的任务,以提高他们的语言使用能力和语言整体质量。在两次重复任务中间,若给学生提供一些语言形式方面的训练,有效度会更高。

　　任务中计划是指教师在实施任务的过程中有意识地让学生放慢速度，把注意力从单纯的意义沟通中转移出来，寻找更好的意义表达语言形式。学生通常利用任务前准备时间计划内容的表达，即使准备了用来表达的语言形式，由于短期工作记忆空间有限，对语言使用质量的影响也很有限。另外，学生在时间压力下完成任务会使学生把有限的注意力分配给更需要的内容表达和任务完成上，此时若给学生提供较长的任务实施时间，学生或许能把注意力更多地投向语言形式。语言的生成质量，特别是准确度应该有所提高。同一人的语言在认真状态下与随意状态下有很大的不同，而任务中计划可以让学生在更认真的状态下完成手中的任务。

　　有几项研究证明了任务中计划对语言产出的影响。Ellis 说明，学生在没有时间压力的条件下，过去式的准确率高于有时间压力的学生，前者可以让学生有更多的机会进行任务中计划。Yuan&Ellis 或许是目前为止唯一一项系统研究延长任务过程对语言输出影响的研究。共有 42 个英语为二语的中国大学生参加了研究，在两个任务条件下完成任务：限定时间（任务中没有时间做在线准备）和无限定时间（任务中有时间做在线准备）。限定时长是根据试点研究的平均值确定的。任务所用时间统计结果显示，口述任务限定时间组平均用了 3.11 分钟，无限定时间组平均用了 4.06 分钟，笔述任务限定时间组平均用了 17.00 分钟，无限定时间组平均用了 21.00 分钟。这一结果间接说明了参加者是根据研究者的设计完成的任务。

　　无限定时间组在两项任务中产出的分钟平均数值均高于限定时间组，停顿数值低于限定时间组，但标准差很大，说明学生之间的个体差异很大。推理统计数字表明，两组之间的差别不具统计意义，说明参加者由于语言水平所限，产出速度并非想快就快。从复杂度结果看，无限定时间组无论口头还是笔头所用句式和词汇得分均高于限定时间组，只有句式复杂度具统计意义，词汇复杂度不具统计意义。这个结果符合 Skehan 以及 Levelt 的理论推理：句式选择（语法）基于规则，是微观层面的即时选择，不限定学生任务完成时间可以让他们有更多的机会使用过去学过但只有在认真条件下才可能使用的结构。而词汇选择基于记忆，在线完成任务时的多余时间会放在语法选择上。这一结果也证实了 Ellis 的研究，规则动词过去式（基于规则）在有条件进行在线准备的情况下准确率就有提高，而非规则动词（基于记忆）的效果就不显著。从准确度结果上看，无限定时间组在词汇和语句准确度上均高于限定时间组且具统计意义。

　　Ellis 在分析 16 项任务前准备研究(只包括用流利度、复杂度、准确度衡量语言质量)的基础上,总结出以下三点:(1)任务前给学生提供的准备机会对语言流利度和复杂度的正面影响高于对准确度的影响,这说明学生在进行任务"战略性"准备时,把注意力更多地放在概念计划上,也即 Levelt 语言产出的第一层面——要表达的内容,而不是怎么表达。此时教师若要干扰他们的准备内容,几乎无用,因为学生会自然而然把注意力放到任务的内容上。(2)不少研究结果证实 Foster&Skehan 提出的复杂度和准确度之间的取舍关系,但任务前准备是更有利于语言复杂度还是准确度尚无定论。(3)任务前准备对认知负担要求较大的任务有减轻认知负担的正面影响,而延长任务中时间可以让学生有机会兼顾语言的复杂度和准确度,但牺牲的是语言的流利度。

第四节　语言形式教学

一、语言形式教学的相对有效性研究

　　二语课堂教学研究主要从输入和输出两个角度进行设计,输入主要来自教师和教材,输出则是学生内在因素与外在条件共同作用的结果。如何输入(教师直接讲解、强化输入、听或读)、从输入到输出中间的活动(学生互动、句型练习)、输出条件(学生合作完成、提供输出时间的长短)等内外因素均会影响学生语言形式的即时和长久学习效果。多年来,研究者在上述不同环节进行不同形式的干预实验,出现了名目繁多的语言形式教学法和不同教学法之间的比较研究。下面讨论几类有代表性的教学效果相对性研究。

　　(一)显性语法规则讲解

　　尽管几十年来二语研究界一直在推崇交际教学法、任务教学法,但课堂上显性语法规则讲解依然是教师最常用的方式之一。技巧习得理论的代表人物 DeKeyser 是这种教学方式的支持者。他认为,开始阶段把语法明确讲给学生可以建立他们的显性语言知识,而显性语言知识通过大量练习可以逐步转为相应的隐性知识。"显性语法规则讲解"一直以来都为研究者所关注,特别是近年来人们意识到,有一些语法形式显隐性过低,单纯的语言输入很难让学生注意到,比如汉语中的"把"、"了",英文中的词缀变化等。

Spada 等(2014)对此做了一项课堂研究。研究在加拿大的一所社区学院进行,四个自然班的一百多名成年学习者参加,分为两组,接受 12 个小时的英文被动语态的教学。一组是较传统的 3P 式语法教学:教师先解释语法规则,再做语法练习(辨认被动式、把主动句换被动句),最后读课文回答问题;一组是先通过师生互动把学生带进语境,再用课文中的例子给学生简要讲解英文被动语态规则,然后学生通过对课文的理解再回到对语言形式的归纳总结上。研究者把第一种教法称为"孤立式(isolated)语法教学",把第二种称为"融入式(integrated)语法教学"。计算结果显示,两组学生对英文被动语态的掌握进步都非常显著,说明无论先讲解语法规则还是后讲解语法规则,都有益于目标形式规则的掌握。两组相比,第一组学生显性知识考试成绩高于第二组,但不具统计意义;第二组学生在实际使用中的成绩高于第一组,说明他们的相关隐性知识发展得更好。由此看来,"融入式"优于"孤立式"。

DeKeyser 认为,语法规则在教学周期开始就应提供,以建立学生的显性知识,但上述 Spada 等的研究证明,语法规则讲解在学生有了大量的语言接触以后效果更佳。另外,在很多外语课堂(包括汉语二语课堂)使用的 3P 教学法,很少有研究探究它的相对有效性问题,Spada 等(2014)的研究对这个问题有了初步的解答,但我们需要更多的研究向细化、深化方向发展。

(二)意识提高教学

"意识提高教学"属于显性语言形式教学,其英文原义是指人们为了了解某个复杂难懂但又很重要的现象所做的努力。20 世纪 80 年代交际法取代传统教学法的过程中,Sharwood Smith 和 Rutherford 作为一种折中的语法教学方式引进到二语教学领域里来,是一种以提高语法难点显隐性为目的的教学手段。比如给学生形式相似但意义不同的句子让他们自己比较并讲出不同;或给一组使用同一个形式的句子让学生自我发现规律,总结语法规则;又或让学生做一个隐性形式聚焦任务,任务完成后说出或写下相应语法规则。Yuan 对意识提高教学与传统课堂 3P 教学的不同做了总结:(1)意识提高教学的目标形式一般是较难的语言形式,学生曾经学过也试图用过,但由于内在规律过于复杂或显隐性过低仍然不得要领,比如汉语中的"了"和

"把"、英文冠词等;(2)意识提高教学的课堂占用时间相对较长,强度较大;(3)意识提高教学常用的认知方法让学生理解语言现象之后的深层规律,而不是点到为止操练为主的语法教学;(4)意识提高教学常常让学生说出或写下语言形式规律。

意识提高对提高学生的显性语法知识非常有效,效果不低于语法知识的直接讲解。意识提高对学生理解语言难点的效果非常显著,无论是在交际法课堂上还是3P传统课堂上。它是否可以提高学习者的隐性知识、其教学效果是否具有持久性还有待进一步研究。另外,意识提高教学似乎不适于新语法知识的教授。

（三）输入加工与传统教学

输入加工的倡导人VanPatten在早期的一项听力研究中发现,当二语学习者把注意力同时集中在内容和语言形式上时,成绩远远低于只把注意力集中在内容的学习者,这些差别具有统计意义。他提出,让学生同时处理加工输入中的不同信息是很困难的,因此教师应该按部就班,让学生的注意力资源有先后地进行分配（VanPatten,1996）。VanPatten还提出,二语学习者学习时会受到母语的影响,比如英语为母语者学习其他语言时会按照英文句式的排列习惯把第一个名词当主语,因此教师在教学中要明确告诉学生两种语言之间的不同,让他们知道目标形式语法规则。教师还要为学生提供练习机会,帮助他们建立起目的语的加工机制。

输入加工教学分三步进行:第一步,明确告诉学生新规则的要领以及避免母语干扰的学习策略。第二步,学生接受教师准备的目标形式"结构输入"。之所以称"结构输入",是因为这一阶段是按部就班设计好的,不是师生之间的任意问答练习。第三步,"情感活动"。教师问一些和学生相关的问题,学生做简单的回答。由此看来,输入加工教学是显性的、以输入为基础的按部就班式的语言形式教学,教学步骤与3P形式类似。VanPatten的理论和输入加工教学模式引起了众多研究者的质疑,研究者们认为这种教学方式与传统的3P语法教学没什么不同,但VanPatten并不同意这种说法。他认为,输入加工教学以输入为主,而传统语法教学是语法解释之后学生立即进行输出（句型）训练为主的。为了证明他的观点,VanPatten和他的团队进行了一系列的研究,主要是对比输入加工模式与传统的以输出为主的教学方式。

与传统教学方式相比,VanPatten 的输入加工模式对目标形式的理解、输入和生成输出都具相对有效性,但对所有目标形式、对所有水平的学习者都具同样的效果还不能肯定。Shintani 基于她自己的研究推论出,输入加工应该非常适合初级学习者,一方面学生可以从输入中接触到新的语言知识,另一方面可以减轻学生产出时容易产生的焦虑感。

二、词汇、语音、语用形式教学

在二语习得研究中,人们所说的"语言形式"一般是指语法规律,大多数研究也是围绕语法形式教学展开。近年来,人们开始更多地关注词汇、语音、语用形式的教学。本节讨论相关理论和研究发现。

(一)课堂词汇教学

词汇知识包括表层知识和深层知识。表层词汇知识是指拼写、发音、核心语义、词性、基本相关句法功能等知识;深层知识包括搭配、派生、适用语境等。向学生系统讲解词汇知识和如何讲解是研究者关注的问题。对于前一个问题,与语法知识教学一样,研究界也分主教与不教两派。主张不教的学者认为,词汇学习最好的办法是通过语言接触和大量阅读;但主张课堂直接教授的一派认为,通过语言接触和大量阅读学习词汇会由于时间有限和学生学习能力而会不太现实。至于如何教,同样有隐性和显性之分。隐性教学可以通过以意义为主导的课堂任务或通过阅读理解实现;显性教学常用的方法是母语与目的语之间的翻译,但问题之一是两种语言的很多词汇表层语义相似但深层意义不一定相同。显性教学还可以用已知词汇讲解新词,但这种办法常常费时费力,效果不一定优于双语之间的翻译。Schmitt 提出,词汇知识教学最好是上述几种方式的综合。

(二)课堂语音教学

相对于词汇教学研究,课堂语音教学研究数量又少很多,原因之一可能是由于"语言学习关键期"假说的影响。这一理论认为,学习者在儿童期之后发音不太可能达到母语说话人的标准。也是由于这一理论,语音教学是以母语说话人为目标还是以发音清楚让母语说话人听懂为目标也是学术界争论的话题之一。语音教学包括语音、轻重音、语调、声调。课堂教师一般采用显性法进行教学,包括辨音、模仿、练习、改错、听力理解等。近年来随着计算机教学的发展,出现了不少语音教学软件。

Lee 等(2014)对 86 个语音教学研究进行了统和研究。他们发现,整体而言语音教学有助于学生语音能力的进步；具体而言，所设教学中含有纠错反馈和超过四个小时的语音教学效值较高。中学阶段的教学效果好于大学阶段，初级和高级学习者的学习效果比中级程度的学习者要好，教师直接教授的效果好于计算机教学。

对于零起点汉语学习者，视觉、听觉双通道的教学方式效果好于单纯利用听觉的教学方式，教师打手势弥补了单通道信息输入的不足，促进学习者的声调感知提高。这项研究肯定了在声调教学中使用打手势这一方法在汉语声调教学上的积极作用。

(三)课堂语用知识教学

语用知识是指语言在不同社会环境中如何使用的知识，换言之，是谁在何时何地怎样对什么人讲什么话。语用知识的习得被认为是第二语言习得中最难也是最晚的部分。主要问题在于课堂教学很难直接系统地向学生教授语用知识，外语学习者又少有机会观察母语说话人在不同场合中的语用习惯。语用知识的缺乏可能会造成始料不及的后果，比如学习者常常把母语中的语用规则使用到目的语环境中去，有时可能会给人留下性格或教养上有问题的印象，而不是语言能力的不足。

同词汇知识、语音知识一样，语用知识也有教与不教及怎么教的问题。不教派的理由还是跟其他语言方面的知识一样；但主教派认为，第二语言的大多数语用功能显隐性很低，哪怕长期浸染在交际语教学中，如果不明确教授，学生也很难注意。很多教师使用情景对话、角色扮演的方式给学生示范目的语语用知识，也有的教师利用现代科技手段，还有的提供学生到目的语国家学习的机会。

第四章　第二语言习得的模式与实践

第一节　克拉申的语言监控模式

"语言监控模式"也被称作"第二语言发展监控模式"。这个模式是克拉申最初在20世纪70年代提出来的。后来，克拉申又先后提出了"可理解输入"的概念及"输入假说"，从而使他最初的语言监控模式更加完善。

Ellis认为，克拉申的语言监控模式当时在第二语言习得研究领域享有很高的声望。在当时已有的理论模式中，语言监控模式是最全面的理论模式。后来，由于这种理论模式本身存在许多问题，因而受到一些学者的批评。尽管如此，该理论模式仍然对第二语言习得研究产生了重要的影响。

克拉申的理论模式虽被称作"语言监控模式"，实际上，语言监控模式包括"五个中心假说"，即"习得与学习的假说"、"自然习得顺序假说"、"监控假说"、"输入假说"以及"情感过滤假说"。除此之外，克拉申的语言监控模式还涉及一些与这五个中心假说相关的因素，这些因素的讨论也有助于理解语言监控模式。

一、语言监控模式的五个假说

（一）"习得"与"学习"的假说

按照克拉申的观点，成人第二语言学习者可以通过两种独立的方式获得第二语言规则，即"习得"和"学习"。"习得"与"学习"是学习者在第二语言习得过程中经历的两种不同的心理过程，即"下意识的语言习得"和"有意识的语言学习"，学习者通过这两种不同的心理过程获得两种不同类型的语言知识，即"习得的知识"和"学习的知识"。习得的知识是学习者下意识获得的第二语言规则的知识，这种知识是不可言说的"程序性知识"。

那么,这两种语言知识是怎样获得的呢?"习得的知识"是指学习者运用第二语言进行自然的交际,关注的是语言传达的意义,通过有意义的交际,学习者接触的是"可理解输入"。在这种情况下,习得过程是自然产生的。这种知识的获得方式被称作"内隐学习";"学习的知识"是指学习者把注意力集中在第二语言的形式特征上,通过有意识的学习方式获得第二语言规则的知识。这种知识的获得方式也被称作"外显学习"。

关于这两种知识的存储方式,按照克拉申的假说,习得的知识位于大脑左半球的语言区,用于语言的"自动加工";学习的知识在本质上属于元语言知识,也存储在大脑的左半球,但不一定是左半球的语言区,而主要是用于"控制性加工"。根据这一假说,习得的知识与学习的知识是分别存储的。在言语表达中,习得的知识是语言理解与生成的主要源头,而学习的知识仅仅用于语言输出的监控和调整。

"习得"与"学习"是克拉申语言监控模式的核心概念。这些概念不仅可以用来解释学习者获得第二语言规则的内化过程,而且还可以用来说明实际的语言表达过程。那么,学习的知识是否可以转换成习得的知识呢?克拉申的回答是否定的。克拉申认为,习得的知识与学习的知识是相互独立的两种知识,二者是无法转换的。这就是所谓"无接口观点"。克拉申提出这种观点是有一定的实验依据的。许多自然习得研究的证据表明,在习得的情况下并未发生学习的过程,有时候,学习者可以先学会某个规则,但是并没有习得这个规则。

(二)自然习得顺序假说

所谓"自然习得顺序"是指儿童在习得母语规则和语言项目时遵循一种相似的习得顺序。就某种语言而言,学习者总是先掌握某些语法结构,而另一些语法结构掌握得相对较晚。

克拉申认为,成人第二语言学习者也存在着自然习得顺序。许多研究发现,尽管第二语言学习者的母语背景不同,文化背景存在差异,但是他们的第二语言习得顺序却非常相似。这种自然习得顺序是语言习得系统的产物,是可以预测的,与学习者通过学习获得的语法知识无关。

自然习得顺序假说实际上区分了两种不同的习得过程:自然习得顺序的自然反映是"习得"的过程,这个过程是受学习者内在大纲支配的,因而是可以预测的;课堂语言知识的学习反映是"学习"的过程,是受外在大纲支配的,因而这种知识的运用所表现出的顺序与自然习得顺序不同。

在克拉申看来,课堂教学对自然习得顺序是无法改变的,习得过程只能在即时的言语表达中得到体现。正式的课堂教学针对的是明确的意识过程,只能对学习过程起作用。因此,尽管学习者可以在课堂学习语言规则,在习得之前,这些规则在自然交谈中是不会出现的。克拉申认为,教师的教学大纲是一个"学习大纲",学习者的内在大纲则是一个"习得大纲"。

(三)监控假说

所谓"监控"是对学习者"学习"知识的作用或功能而言的。在克拉申看来,学习者的言语输出主要是依靠习得的知识生成的。"学习"的知识只是用来监控学习者的语言输出过程,在成人第二语言学习中的作用相当于监控器和编辑器,能起的作用很有限。学习者通过"习得"获得的语言能力可以把要表达的意思流利地说出来,而通过"学习"获得的语言知识能在说话之前有意识地判断和调整语言形式。

学习者用母语表达时,可以脱口而出,不假思索,但是用第二语言表达时,人们经常会不自觉地留意自己的语言是否正确。这种"注意"或"留心"其实就是"监控"的过程。当英语学习者说"He went to Beijing yesterday"时,表达意思所需要的语言知识来自于"习得"系统,而"学习"系统中的知识所起的作用是检查"he"是不是合适的代词,"went"的时态是否正确。

根据监控的程度,克拉申还把学习者分成了三类:

1. 监控过多者

这种学习者时刻用学到的知识"监控"自己的语言输出。对于多数人来说,在正常口语交流中使用监控必定会影响语言的流利程度,学习者说话结结巴巴,不断纠正自己的话语,过于关注语言形式的正确性从而导致实际话语"言难达意"。

2. 监控不足者

导致监控不足的原因有多种。有的学习者可能没有接触过有意识的语言学习训练;有的学习者虽然进行过有意识的语言学习,但对语言形式和语法规则掌握得不够;也有的可能是不愿意或不习惯对语言进行监控。他们使用语言时完全依靠习得过程中获得的能力,往往不受外界环境的干扰,对语言错误的纠正一般只靠自己的感觉。

3.监控合理者

这类学习者是在适当的时候和场合,以不影响语言交际为前提运用监控手段。例如,在口语表述前先拟提纲,书面表达前先写底稿等。他们运用监控既适当又不妨碍交际,但在写作或有准备的发言中会尽量修改,以提高说话和写作的准确性。

监控假说认为,自然交际中表达意义所需要的是习得的知识,而通过学习得到的知识只能通过"监控"过程发挥作用。那么,监控在什么情况下起作用,第二语言学习者在什么情况下才能有意识地运用语法规则? 为此,克拉申提出了使用监控的三个条件:

(1)充足的时间

第二语言学习者需要有足够的时间来考虑并有效运用有意识学习的语言知识,以便监控语言输出的质量。监控的运用受语言使用方式的限制。对大部分人来说,在口头交谈中主要是表达意思,人们往往没有时间去斟酌语法,也不会注意形式,语法规则如果不是习得的,一时也用不上。运用"监控"可能会影响第二语言口语的流利程度,导致说话结结巴巴,不注意对方所说的内容。而在阅读、写作中,在事先准备的正式发言中,人们则有充足的时间斟酌措辞,检查语言形式,提高语言的准确性。

(2)注意语言形式

只有当第二语言学习者将注意力完全集中到第二语言的形式上,集中到第二语言使用的准确性上时,"监控"才能发挥作用。有些时候,即使学习者有足够的时间,但由于他们急于表达意思或者太专心于说话内容,就无暇顾及语言形式的准确性。

(3)懂得语法规则

这一条件也许难以达到,因为语言结构极其复杂。目前已经描述的语言结构只是实际语言的一小部分。因此,学习者接触到的也只是目的语语法的一小部分,即使最好的学习者也不能学会教给他们的每条语法规则。

(四)输入假说

输入假说是在区分习得和学习的基础上提出来的。克拉申认为该假说是其整个习得理论的核心部分。它回答了语言教学领域中最重要的问题,即人们是怎样习得一种语言的。该假说指出,人们习得一种语言,必须通过理解信息或者接受可理解的语言输入。学习者的习得按照自然顺序,通过理解在下个阶段将要习得的结构来进行。输入的语言难度要略高于学习者的现有能力。如果学习者现有水平为"i",那么语言输入应有一个小的跳跃,即"$i+1$","1"表示稍稍高出学习者现有水平的语言知识。如果学习者在习得过程中大量接触"$i+1$"水平的语言材料,他们便会在理解信息的同时,自然而然、不知不觉地习得新的语言知识。

总的来看,克拉申的输入假说其实包含了四个要素:

1. 输入数量。语言习得需要大量语言输入,必须为学习者提供足够数量的语言输入。

2. 输入质量。学习者接触到的语言输入必须是"可理解的",必须含有"$i+1$"结构,保证语言输入材料的难度稍高于学习者目前已掌握的语言知识。

3. 输入方式。语言材料主要是在语言环境中自然接收,注重语言意义的粗略调整输入。

4. 输入条件。学习者必须在情感焦虑低,情感屏障弱的情况下才能更好地接收输入。

此外,克拉申还从四个方面对输入假说进行了说明:

1. 输入假说与习得有关,与学习无关。

2. 学习者通过理解稍稍超出现有语言能力的语言结构($i+1$),才可习得新的语言结构。对于尚未习得的语言结构,学习者还可以通过特定的上下文或情景,包括语言外信息、常识以及已经习得的语法知识来帮助理解。

3. 如果有足够的语言输入得到理解,而且实现了有效的交流,"$i+1$"过程就可以自动实现。

4. 说话能力是自然产生的,不是被直接教会的。

以前的结构主义语言学家提倡,先学习句子结构(句型),然后再运用这些句型去进行交际。输入假说则与此观点恰恰相反,主张学习者要先"获得意义",再从中习得语言结构。根据输入假说,克拉申(1985)还提出了两条推论:

1. "说"是习得的结果,而不是习得的起因。言语不是直接教会的,而是通过可理解输入来增强语言能力,从而自然产生言语。

2. 如果学习者理解了足够的语言输入,那么他们所需的语法知识就被自动输入到大脑中。语言教师不需要按自然顺序有意地教下一个语法结构。

（五）情感过滤假说

这一假说阐述的是情感因素如何影响第二语言习得过程。第二语言习得过程中普遍存在的现象是，不同学习者的学习速度和效率各不相同，他们最终达到的语言水平也有很大差异。如何解释这种现象？克拉申认为，可理解的语言输入对于习得是必须具备的条件，但仅有这一条件还不足够。要解释学习者之间的差异，一种可能是他们接受的可理解语言的输入量不同，另一种可能是学习者的不同情感因素在起作用。这里的情感因素包括学习者的动机、自信和焦虑等。为此，他提出了"情感过滤"这一概念。"情感过滤"指的是阻止学习者充分利用所接受的可理解的输入习得语言时的心理障碍。也就是说，情感因素并不在整个语言习得的过程当中，其作用是阻碍或协助输入进入语言习得机制。

情感过滤假说把与成功的二语习得相关联的情感因素分为三大类：

1.动机。学生的学习目的直接影响其学习效果。目的明确则动力强、发展快，反之则收效甚微。

2.自信。自信会让学习者表现得更好，比较自信、自我感觉良好的学习者在学习中进展较快。

3.焦虑。不管是个人的焦虑程度还是整个课堂的焦虑程度，焦虑程度低都有助于二语习得，顾虑较少的学习者容易得到更多的语言输入。

根据该假说，语言学习的好坏因人而异，差别主要产生于心理方面。由于学习者在学习动机、态度和信心等情感方面的强度不同，因而形成了强弱不同的心理障碍。这种情感障碍对"可理解输入"起着过滤作用，从而影响"可理解输入"的吸收。克拉申认为，学习者动力越大，自信心越强，焦虑感越低，对语言输入的过滤就越少，从而获得的输入就越多，二语学习的成绩也就越好。相反，当学习者没有动机，缺少自信心，或心情焦虑，有防范心态时，其心理屏障会增强，对"可理解输入"的吸收就越少，二语习得的效果就越差。

情感过滤假说引起了人们对情感因素的重视，许多学者在此基础上对情感因素作了进一步深入的研究。对后来二语习得颇有影响的"文化渗透"模式也是建立在对学习者情感研究的基础之上的。人们也更清楚地认识到，既然所有学习者都具有相同的与生俱来的语言习得机制，第二语言的学习环境也很相似，那么，二语习得的流利程度和所能达到的水平则可能要更多地从学习者的情感因素方面来寻找原因。

　　以上是克拉申语言监控模式的主要内容。在此理论基础上,克拉申提出了明确的教学方案。他认为理想的教学方案应该包括语言习得和语言学习两个方面,但他更强调语言习得的重要性。根据输入假说和情感过滤假说,他认为听和读所获得的输入必须是可理解的,且略高出学习者现有的语言水平($i+1$),这样,学习者才会不断取得进步,才能吸收和理解更多的语言输入。第二语言课堂的主要作用就是为学生提供用于语言习得的可理解输入。克拉申认为,说和写是语言输出,是一种更高层次的目标,对语言习得起间接作用。

　　此外,克拉申还依据其理论,制定了评价教材和教学法的六条标准:

　　1.可理解输入是理想输入。

　　2.可理解输入应该能够引起学生兴趣或与学生的要求有关。

　　3.不遵循语法顺序。

　　4.充足的输入量。

　　5.不应使学生处于"防备"状态。教学法和教材不应只考查学生的能力或暴露学生弱点,而应使学生的过滤程度始终保持得很低,以便学生乐于接受输入。

　　6.教给学生一些实用的交谈方法,如怎样开始与人交谈,如何使交谈继续下去以及转换话题等,学生能接受更多的输入并能控制输入的质量,达到在课外自我提高的目的。

　　根据是否满足理想输入的六条标准和有意识学习的要求,克拉申从应用语言学的角度对目前使用的教学法进行了分析和比较。以语法为基础的教学法,语法——翻译法、听说法、认知法和直接法等过分强调有意识的学习,不能满足理想输入的标准,情感过滤程度高,不利于语言的习得。全身反应法的优点是让学生自己决定想说第二语言的时间,学生只要按照教师所给的指令立即做出反应就行,因此可大大降低学生的情感过滤程度。但其缺点是教师不断使用祈使句,学生得到的语言输入很有限,不能满足理想输入的要求。暗示法的成功之处在于学生沉浸在一种比较轻松的学习环境里,有利于语言习得。讲解时,虽穿插些必需的语法,但这种方法仍不失为一种基本上满足理想输入的方法,值得采用。

　　克拉申非常推崇的一种教学法是自然法。该法的形成和发展一直受到第二语言习得理论的影响,其教学原则包括四个方面:

1. 课堂时间主要用于提供语言习得所需要的输入。

2. 教师在课堂上只讲所学语言,学生既可讲本族语,也可讲第二语言,但对他们用第二语言做出反应时所出现的错误一般不给予纠正,只限于纠正那些影响交际的错误。

3. 对课外正式语法作业中所出现的错误给予纠正。

4. 课程的目标是注重语义。教学活动可能包括对某些结构的使用,但目标是使学生谈论思想、完成任务、解决问题。

克拉申认为自然教学途径最能为学生提供大量的可理解输入,满足学习和习得的所有要求。但它的不足之处在于它仍然是一种课堂教学方法,对某些学生来说,这就限制了他们进行有趣而真实的交际。

二、语言监控模式的基本证据

Krashen 提出了几个方面的证据来支持其监控模式,特别是输入假说。

(一)与儿童的谈话方式

克拉申的模式建立在第一语言习得研究的基础上,其中儿童习得语言过程中的"母亲话语""保姆话语"为克拉申的理论提供了重要论据。这两种话语都是儿童在获得第一语言的过程中接触到的,是成人为了幼儿能够听懂或懂得新的概念和事物而使用的简化语言。母亲话语具有"此时此地"特点。也就是说,父母对幼儿讲话和此地所发生的事情是直接相关的,而不会说一些抽象、遥远的事情。例如,幼儿看见苹果,母亲说"要吃苹果吗?喜欢苹果吗?",而不说"明天你喜欢吃什么?"这类与此时此地无关的话。此时此地的特点充分说明了与儿童进行语言交流的过程中真实环境的重要意义。母亲话语对于儿童语言的"$i+1$"水平而言是一种粗略调整,而不是精细调整,并没有包含儿童下一阶段所需要的语言规则。母亲话语和保姆话语的简化都是无意识的。成人对幼儿讲话的重要特点是没有教孩子学习语言的意识。这种话语虽然很简单,但是起到了双向交流的目的。这些话语以某种交际为目的,而不是有意识地教幼儿某种语言结构。它们都是在特定环境下非常有效的语言输入方式,在帮助幼儿习得母语的过程中起到了极为重要的作用。

(二)与第二语言学习者的谈话方式

第二语言学习者在课堂上也接触到了一种特别的话语——"教师话语"。教师话语是教师在课堂上对学习者说出的话,其特点是语速慢、形式构造完整、句子短、句法简单。另外,在课堂外的母语者对外国人所说的"外国人话语"也具有与教师话语相似的特点,也是针对外国人的语言水平所作的调整。"教师话语"和"外国人话语"的这些特点,虽然不是导致习得的直接原因,但在很大程度上提高了语言输入的可理解性。教师、高水平的第二语言学习者和母语者在与低水平的二语学习者进行自然谈话或试图与他们进行交际时,都会调整其语言,这种调整是二语学习者非常理想的语言输入。

（三）习得初期的沉默期

"沉默期"主要指习得者没有足够能力讲话的那段时间,短至几小时,长达几个月。在此期间,幼儿通过听对可理解性语言输入进行加工和整理。经过这段沉默期后,幼儿似乎下意识地习得了输入的语言。在沉默期,儿童接触和理解语言需要一个吸收和消化的过程,经过这段时间的内在消化,才能逐步加快学习语言的进程。这个过程也是从渐进到飞跃的过程。成年人学习第二语言也是如此,他们需要积累和消化,才能逐步培养第二语言的能力,并能够使用这种能力表达自己的思想。同时,语言学习过程中学习者需要一定的时间,将吸收的语言信息进行内化,逐步培养使用目的语的能力。

（四）儿童与成年人的差异

克拉申认为,如果是在短期内学习第二语言,成年人往往强于儿童。但是随着学习时间的拉长,儿童就会胜过成人。原因是,成年学习者具备了更多的社会经验和关于世界的知识,可以更容易地利用第一语言去克服在第二语言交际中遇到的困难,能更好地控制谈话,从而能更多地获得可理解语言输入。因此成人在学习初期比儿童进步得快。

（五）可理解输入越多,二语越流利

第二语言接触量越大,语言流利度越高。学习者在目的语国家的居住时间往往与他们的目的语水平成正比,时间越长,水平越高,其主要原因还是接触到的可理解输入量的差异多少。克拉申认为,阅读技能随着阅读量的增大而提高,在第一语言中听故事有助于词汇习得。不能理解的语言输入对习得没有作用。

（六）可理解输入的缺乏,会阻碍语言习得

学习者如果接触不到可理解输入,他们的语言发展就会受到阻碍。例如,听力正常的儿童,如果他们的父母是聋哑人,并且儿童在家庭以外接触到的可理解输入也很少的话,儿童语言发展可能会相当缓慢。只有在接触到足够量的语言输入时,他们的语言发展才会逐渐跟上正常水平。

(七)基于可理解输入的教学方法

基于可理解输入的教学法,如全身反应法和听力先行的教学法,都明显优于传统的听说法。使用全身反应法,学习者可以在想说第二语言时才说,并按照教师的指令做出反应,这在一定程度上减少了情感过滤的作用。基于可理解输入的教学法,长处在于口头表达和书面表达中都提供了可理解语言输入。而传统教学法过分强调有意识学习,不能提供充分的可理解输入,情感过滤程度高,不利于语言习得。

(八)沉浸式教学法的成功

沉浸式教学法采用目的语作为学校课堂教学的媒介,课堂上主要是向学习者提供目的语语言输入。其教学的目标是以语义为重点,组织学生用目的语解决问题、完成任务、沟通交流。这种自然的教学途径为学习者提供了大量的可理解输入,全面满足了习得和学习的要求。克拉申还指出,用第二语言教授其他的学术课程,如历史、数学、物理等,也能对第二语言习得产生较好的作用。

(九)双语教育的长处在于提供可理解输入

双语教育中同时使用母语和第二语言,这两种语言的共同使用提高了语言输入的可理解性。因此,双语教育的长处在于向学习者提供了可理解的语言输入。

三、关于语言监控模式的理论争议

克拉申的语言监控模式在第二语言习得研究领域是影响最广泛、解释最全面、综合性最强,但同时也是最具争议的理论模式。因为克拉申的理论模式涉及了许多第二语言习得最基本的理论问题。但由于克拉申的假说在阐释第二语言习得的机制和过程时,观点比较鲜明,具有一定的挑战性,而有些理论观点难免失之偏颇,所以他的理论遭到了一些研究者的强烈批评。

(一)关于"习得"与"学习"假说的争议

按照克拉申所说,习得和学习是两个互不干涉的独立过程。习得的知识和学习的知识不仅获得方式不同,在第二语言中所起的作用也不同。但是,很多学者认为,习得和学习过程的区别并不像克拉申所说的那样泾渭分明。克拉申从心理语言学角度将"习得"与"下意识"联系在一起,把"学习"与"意识"连在一起,人们无法考察和检验二者的区别。

此外,克拉申还认为,第二语言能力来自习得的能力,来自下意识获得的知识;而通过有意识学习获得的知识,只能起到"编辑器"或"监控器"的作用,习得的知识和学习的知识不能相互转换,即所谓"无接口理论"。但是有学者认为,学习者在课堂环境中学到的二语语法知识,是他们关于目的语语法理性认识的主要来源。经过反复操练和实践运用,这种外显知识(学习的知识)可以变得程序化、自动化,从而逐步转化为内隐知识(习得的知识)。学习者在课堂上掌握了一定的语言规则,有助于他们将注意力集中到必须感受的语言概念上,有助于他们提出并检验关于目的语的假设,从而有效地促进语言习得。

(二)关于自然顺序假说的争议

自然顺序假说主要是建立在英语语素习得顺序研究的结论之上的。一方面,克拉申把有限的英语语素习得顺序研究结果作为语言习得顺序的证据是值得商榷的;另一方面,有些学者对英语语素习得顺序研究本身的理论假设和研究方法也提出质疑。

另外,Ellis(1994)认为,自然顺序假说主要依赖于考察学习者的"语言表现"。但是,基于环境差异的研究表明,语言表现往往因语言任务的不同而有所不同。也就是说,语言任务会影响语言表现,语言表现反映出习得顺序,所以不同的语言任务就可能导致不同的习得顺序。因此,如果谈论某个单一的自然习得顺序就没有太多的现实意义,因为在实际的语言使用中,习得顺序会因环境的差异而发生变化。语言监控模式属于"二元能力模式",学习者的语言能力分为两个互相独立的能力,即"习得能力"和"学习能力"。这种二元能力模式无法解释学习者由于交际任务和环境造成的第二语言习得顺序上的差异。

(三)关于监控假说的争议

关于监控假说,学者们也存有很多保留意见。监控假说认为监控的功能是由学习获得的知识来实现的,这也是学习的唯一功能;而从另一个角度去看,监控机制只能在产生语言的过程中发挥作用,对理解语言毫无用处。如果这一假设成立的话,在课堂中学习第二语言的人,就不会具有语言的理解能力,那么,监控功能对他们来说毫无意义。我们可以很清楚地看到这与我们学习过程的实际情况大相径庭。另外,在语言的交际与使用过程中,不存在一个绝对的标准来判定监控机制是否发挥作用。

克拉申认为监控理论可以解释课堂教学中语言学习失败的原因,并为有效的语言学习提供指导方针。但克拉申理论所依据的调查结论多数来自一些既接受课堂教学,又使用第二语言进行交际的成年人,而接受课堂教学的调查对象则是少年儿童。

(四)关于输入假说的争议

首先,克拉申对"可理解输入"的定义并不明确。从某种程度上讲这是一个循环论证:任何促成习得的输入一定是可理解的,因此可理解输入就是任何可促成习得的输入。他的理论缺乏明确独立的语言学定义来说明可理解输入,而且很难确定某种特定的语言"水平"。

其次,克拉申虽然强调输入在语言习得中的关键作用,可是他的"输入"却具有相当的局限性。克拉申只注重在语言学习环境中对语言材料的自然输入方式,而忽视和排斥非自然输入方式。二语习得者能够在自然交际环境中接收语言材料当然很好,这种材料真实、自然、富于交际意义,容易被吸收内化。然而,如果仅仅局限于自然输入途径,所接收到的输入量还是有限,也就无法达到克拉申所要求的"大量足够"的语言输入要求。实际上,输入概念既包括自然输入,也包括非自然输入;既包括粗略调整输入,也包括精细调整输入。非自然输入指习得者在特定条件下,接受的语言技能强化训练,例如操练句型、背单词、词组、句型等等。精细调整输入包括学习者在学习过程中通过教材和教学参考书获得的输入,以及在课堂上所接触到的老师的讲话等等。

另外,克拉申可理解输入中的"$i+1$"模式在实际语言教学中很难实现。语言教师无法把握语言输入到何种程度才属于"$i+1$"水平,而不是"$i+0$、$i+2$、$i+3$"水平。学习者各自学习情况不同,老师不能准确测知学生知道什么或不知道什么,他们只能猜测学生现有的 i 水平,无法确定"$i+1$"的内容和难度。因此,"$i+1$"模式不具有指导实践的作用,在实践中很难操作。

最后,输入假设过分强调输入,忽视或排斥输出,不利于学习者交际能力的培养。克拉申认为,习得取决于听,听是最关键的。二语习得者就是通过听,并通过在上下文中理解其材料而习得语言的,学习者说不说并不重要。在听、说、读、写多项技能中,克拉申只强调接收性技能听和阅读,忽视和排斥产出性技能——写和说。但是事实上,并无足够证据表明语言产出无助于语言习得。况且,没有说的"听"几乎是不能形成反馈的。教师怎样才能在无反馈的情况下调整输入材料来满足"可理解"的需求? 语言习得过程应该是一个语言输入与语言输出的双向过程,而且输入是手段,输出才是目的。输出是对语言输入的检验、纠错和巩固的必要方式。

总的来说,克拉申的输入假说有其合理性,但是,仍有些问题需要通过进一步实证研究来证明。

第二节　第二语言习得研究的社会文化模式

一、文化适应模式

20世纪70年代,美国学者 John. H. Schumann 在实验中发现,在第二语言学习者中,有的学习者语言习得速度非常缓慢,甚至停滞不前。究竟是什么导致学习者语言习得发展缓慢? Schumann 试图通过纵向研究来探索影响第二语言习得的因素。与以往理论不同,Schumann 没有从语言本身的不同寻找答案,也没有从人类大脑的语言机制入手,而是从社会文化角度提出了"文化适应"理论假设。

(一)"文化适应模式"的提出

1973年,Schumann 和他的同事们进行了一项10个月的纵向研究,通过记录自然产出以及诱导的语言材料,考察6位移民到美国的西班牙学习者在自然状态下习得英语的情况。在研究中,Schumann 和他的同事们发现,在着重考察的三个具有代表性的语言项目中,33岁的 Alberto 的英语水平和其他5位学习者相比,几乎没有提高。Schumann 等学者开始探究 Alberto 习得缓慢的原因。Schumann(1976)从智力、生理、社会心理三个角度提出了三种可能:第一,认知能力问题;第二,年龄问题;第三,学习者与目的语群体之间的社会距离和心理距离问题。Schumann 首先对 Alberto 的认知能力进行了测试,测试结果排除了第一种可能;Schumann 又从理论上证明了年龄在第二语言习得中并不起到关键的作用,推翻了第二种可能;为了检验第三种可能,Schumann 对 Alberto 的语言进行了详细的分析。

Schumann 发现,在 Alberto 的语言中具有明显的特征,这是一种第二语言学习者为了与目的语群体交际,采用的简化了的目的语。

与此同时,Schumann 把 Alberto 与其他 5 位被试进行了比较。(Schumann,1976a,1976b)结果显示,从社会距离上看,与其他 5 位来自技术移民群体的被试相比,Alberto 所在的工人移民群体和美国社会十分疏远;从心理距离上看,Alberto 不愿意与美国人、美国社会接触,甚至采取逃避的态度。这些比较结果为 Schumann 的第三种可能提供了更多的证据。

以 Alberto 习得缓慢的现象为起点,以第二语言学习者的语言特征以及前人的理论为基础,以对学习者所处的社会地位及其心理状态为证据,Schumann 于 1976 年提出了"洋径洪假设",旨在说明文化适应取决于社会距离、心理距离两个因素,文化适应的程度决定第二语言习得的进程。1978 年,Schumann(1978a,1978b)赋予这一假设新的名称,即"文化适应模式"(Acculturation Model)。

（二)文化适应模式的具体内容

Schumann 曾先后多次对"文化适应模式"进行阐述,(核心内容相同)其中 1978 年的理论最为完整。

文化适应模式的核心内容是:第二语言习得只是文化适应的一部分,学习者始终处于从不适应过渡到适应的连续统中,学习者对目的语群体的文化适应程度将决定其习得目的语的水平。其中,"文化适应"指学习者在社会和心理两方面都能融入目的语群体之中。因为文化适应模式是在解释移民到美国的西班牙人在自然状态下习得第二语言的过程中提出的,该模式最初适用在移民的范畴。

Schumann 假定,文化适应的程度与第二语言习得水平之间存在着理想的对应关系,即文化适应程度的每一个等级都与第二语言习得的某个水平相对应。

1. 社会距离

社会距离指第二语言学习者群体和目的语群体之间的关系,它影响着第二语言学习者与目的语群体接触的程度,因而也促进着第二语言学习者语言习得水平的提高。具体来讲,两个群体之间的社会距离越远,接触越少,也越不利于第二语言习得;相反,两个群体之间的社会距离越近,接触越多,越有利于第二语言习得。

在社会距离与心理距离之间,Schumann 认为,社会距离较之心理距离占有更为重要的地位。Schumann 所说的"社会距离"主要包括以下八项因素，这八项因素并非彼此独立，而是彼此相关。

（1）"社会主导模式"，指第二语言学习者群体与目的语群体的平等程度，包括"主导地位"、"从属地位"、"平等地位"三个等级。平等程度不同，则第二语言学习者所属群体的社会地位不同，对第二语言习得效果的影响也不同。

Schumann 认为，如果第二语言学习者所属群体在政治、经济、文化、科技等方面的地位优于目的语群体，第二语言学习者将不愿意学习目的语，习得效果差。比如，移民到突尼斯的法国殖民者，他们出于殖民的目的需要学习阿拉伯语，但是，因为法国移民者群体在各方面的地位都明显高于突尼斯人，他们不愿意卑躬屈膝地去学习阿拉伯语，因此阿拉伯语水平不高。

相反，如果第二语言学习者所属群体在政治、经济、文化、科技等方面的地位劣于目的语群体，习得效果也不好。居住在美国西南部的美国印第安人无论在历史上还是在今天都处于较低的地位，他们一直保持自己的传统，拒绝被同化，拒绝外来文化的入侵，包括语言。

Schumann 提出，在社会主导模式的三个等级中，第二语言学习者所属群体的社会地位处于优势或劣势都不会促进第二语言习得，只有两个群体处于平等地位时才能够对第二语言习得起到促进作用。根据文化适应模式，当第二语言习得群体和目的语群体在政治、经济、文化、科技等方面基本上处于平等的地位时，学习者将愿意学习目的语，习得效果好。

（2）"融入策略"，指第二语言习得群体面对目的语群体文化时可能采取的态度和做法，包括"同化策略"、"保留策略"、"适应策略"三种。但是，Schumann 也曾指出，融入策略并不是成功的第二语言习得所必备的要素。

"同化策略"指第二语言习得群体面对目的语群体时，放弃了自己原有的生活方式和价值观，接受了目的语群体的生活方式和价值观。同化策略增加了两个群体间的接触，因而会推动习得进程。

"保留策略"与"同化策略"相反，指第二语言习得群体保留了自己的生活方式和价值观，同时拒绝了目的语群体的生活方式和价值观。这一策略拉大了两个群体间的距离，因而采取这种策略的学习者习得效果常常不好。

"适应策略"是"同化策略"与"保留策略"的折中，指第二语言习得群体一方面保留了自己的生活方式和价值观，另一方面也接受了目的语群体的生活方式和价值观。这种策略带来的习得效果由两个群体间的接触程度决定,接触越多习得效果越好。

(3)"封闭程度",指第二语言习得群体和目的语群体共同享用社会设施、共同工作的程度。如果第二语言群体与目的语群体出入相同的教堂、进入相同的学校、一起工作、娱乐等,只要封闭程度低,两个群体间的接触多,就会为语言习得创造好的环境;反之,如果第二语言群体把自己封闭起来,只和本群体的移民在一起生活、工作,语言环境便不适合第二语言习得。

(4)"凝聚程度",指第二语言习得群体内部成员间的密切程度。如果成员间的紧密程度低,学习者能获得更多的机会与目的语群体交流,第二语言习得效果好;如果第二语言学习者群体内部成员间紧密程度高,学习者与外界交流的机会少,第二语言习得效果就会受到影响。

(5)"群体大小",指第二语言习得群体人数的数量。在 Schumann 看来,紧密程度和群体大小这两个因素直接相关。群体小,紧密程度高;群体大,紧密程度低。因此所在群体人数少的学习者更容易取得好的语言习得效果。

(6)"文化相似性",指第二语言学习者群体的文化与目的语群体文化的相似程度。Schumann 认为,两群体文化的相似程度越高越有利于习得。

(7)"态度",指第二语言学习者群体对目的语群体的整体态度。Schumann 将态度分为正面态度和负面态度两种,正面态度较之负面态度更有益于习得。

(8)"打算居住的时间",指第二语言学习者群体打算在目的语群体所在国长期居住的时间。和短期居住相比,打算长期居住的第二语言学习者群体更可能与目的语群体频繁交流,因而会获得更好的语言习得效果。

Alberto 与其他 5 位被试最大的不同在于所属的移民群体不同。Albert 所属的移民群体由来自拉美的工人组成,而其他 5 位来自拉美技术移民群体,群体的不同带来了以下差异:(1)在社会主导模式上,工人移民因为缺乏技术,社会经济地位低于一般美国人,而技术移民会因为他们良好的教育背景而可以与美国人平起平坐;(2)在融入策略上,工人移民更愿意保留自己的传统,会采取保留与适应策略,而技术移民通常采取适应策略;(3)在封闭程度上,工人移民虽然被美国社会所接受,但他们常常住在自己的社区,愿意与和自己身份相同的人一起学习、工作、娱乐,相反技术移民则因为工作需要完全生活在美国人之中;(4)在凝聚程度和群体大小上,工人移民的群体虽然比技术移民的群体大,但在紧密程度上远高于技术移民;(5)在文化相似性上,工人移民和技术移民来自同一个国家,相似性上本质一样,但因为两个群体的地位不同,所以技术移民群体文化与美国文化的相似度更高;(6)态度和打算居住的时间难以测量,难以比较,Schumann 也没有作具体论述。

2. 心理距离

社会距离考察的是第二语言习得群体和目的语群体之间的社会关系。心理距离是从个人与群体间的关系出发,考察作为个体的学习者由于情感因素造成的与目的语群体的距离。心理距离的大小将影响语言的输入。心理距离越近,语言输入量越大,越有利于习得。

一般来讲,社会距离对第二语言习得效果的影响比心理距离更大。但是,当社会距离对第二语言习得的影响很难说是有利还是不利的时候,个体心理因素对语言习得效果的影响就会更大。具体来说,心理因素由以下相互关联的四项因素构成。

(1)"语言休克",指学习者使用第二语言时的恐惧感。在说外语的时候,学习者可能因为害怕说错而羞于张口,或者觉得自己词不达意,再或者因为说不好而失去信心,这些都是语言休克的表现。语言休克的程度越高,越不利于第二语言习得。

(2)"文化休克",指学习者进入目的语群体时的一种焦虑。当我们进入到不熟悉的文化环境后,很多人都会有手足无措的情况,原来的思维模式不被现在的社会接受,原来的行为举止在现在社会中变得古怪,惯用的解决问题的方法也不再奏效。Schumann 认为,作为第二语言学习者,进入到陌生的语言环境后,除了语言休克以外,必然会产生文化休克,而且学习者会分散精力去调整自己。有的学习者会选择拒绝新的文化,把自己封闭起来,有的学习者则选择接受。在选择接受的学习者中,有的需要很长时间才能融入新的文化中,甚至反复好几次,有的则很快就能度过文化休克期。

(3)"学习动机",指学习者学习目的语的原因。学习动机分为两种类型,一种是融合型动机,另一种是工具型动机。如果学习者学习目的语是因为对目的语群体充满兴趣,理解目的语群体的文化,希望与目的语群体有更多的接触,甚至希望成为目的语群体的一员,则动机类型是融合型动机;如果学习者对目的语群体没有兴趣,学习目的语只是为了掌握一个工具,用来提高自己的知识水平、改善社会地位，则属于工具型动机。

在动机与习得效果的研究中，一般认为，融合型动机比工具型动机更有利于习得，因为工具型动机的学习者只要达到了目的就不再继续学习了，而融合型动机的学习者会因为对目的语群体充满兴趣而不断深入学习。但是，一些实证研究也显示，哪一种动机更有利习得不能一概而论，在不同的习得状态下会有不同的结果。比如，有的学习者对第二语言并不感兴趣，但为了出国工作，或进入大学攻读学位，不得不学习第二语言，这种学习者往往具有极强的工具型动机，语言习得效果也会很好。

（三）文化适应与语言教学

文化适应模式是针对自然语言习得提出的，Schumann 在对文化适应模式进行讨论时，也涉及文化适应与正规语言教学的关系。Schumann 把正规语言教学分为两种，一种是强化语言教学，一种是普通语言教学。在这两种教学中，文化适应程度在某种程度上不能决定语言习得水平的高低，文化适应程度低的学习者同样可以拥有很高的习得水平，这可能是语言教学的作用。虽然文化适应程度在语言教学中并不起到决定作用，但 Schumann 仍然认为，文化适应在第二语言习得过程中不可或缺。

强化语言教学专门面向语言能力水平很高的学习者，通过高强度的教学在短时间内提高第二语言水平。强化教学的典型实例是美国外交学院和美国军方语言学校。在教学上，强化教学有特殊的要求：学习者在一年内每天学习 5 小时以上，5 到 6 名学习者组成一个小班，语言教师受过特殊训练，语言课程经过特殊筹划，成绩不够优秀的学习者将被淘汰。在这种情况下，自然语言习得只是语言教学的附属品。

但是，即便在这样的高强度教学中，文化适应仍不可忽视。美国外交学院要求学习者每隔一段时间要与目的语群体的本人一起吃饭、活动，美国军方语言学校把学习者带到目的语群体中生活，以催化他们的文化适应过程，更快地提高语言水平。

Schumann 认为，与强化语言教学不同，普通教学无法控制学习者的语言能力、学习强度、学习时间，可以控制的因素只有老师、教学方法和课本，而目前这三项因素已经发展到了很高的水平，不可能再提高了。在这样的情况下，在 Schumann 看来，唯有通过提高学习者的文化适应程度才有可能进一步提高他们的语言水平，因为语言学习的实质不是教学而是文化适应的过程。在普通教学的情况下，没有文化适应就不可能有成功的第二语言习得。

二、社会文化理论

"社会文化理论"是心理学理论之一，由苏联著名心理学家维果茨基创立，20世纪80年代开始被引入到第二语言习得研究中。

维果茨基是苏联著名心理学家，主要研究领域是儿童的心理发展。维果茨基从20世纪20年代开始探究人类心理的社会起源，提出了人的高级心理机能是社会历史的产物等观点。从1925年到1934年，维果茨基和他的同事们通过一系列的研究，将维果茨基的思想提炼为关于认知发展的"社会文化理论"。

维果茨基的思想对西方现代和当代心理学都有卓越贡献，也影响了心理学以外的其他学科的发展，第二语言习得研究就是其中之一。然而，在维果茨基生前，他的理论受到了多方面的批评，长时间处于沉寂状态。直至1962年，他的著作《思维与语言》被翻译成英文，引起了西方学者广泛的关注，并被翻译成多国语言。于是，他的思想得到复兴并被西方学者们进一步发展，心理学界和语言教学界出现了研究维果茨基理论和方法的热潮。

（一）"社会文化理论"的引入

"社会文化理论"是关于人类认知发展的理论，强调社会文化因素在人类独特的认知功能发展中的核心作用。在社会文化理论被引入到第二语言习得研究领域之前，学者们已经意识到语言习得不只是个人行为，并具有社会属性。随着20世纪90年代第二语言习得领域对社会文化理论兴趣的增加，学者们更加关注语言习得与社会因素的关系。

（二）社会文化理论的主要内容

社会文化理论的主要内容包括"调节论"、"最近发展区理论"、"个体话语和内在言语"、"活动理论"四个部分。

1. 调节论

社会文化理论认为，在个人与社会的发展中，语言起到了不可忽视的调节作用。维果茨基指出，正像人类要通过工具作用于物质世界一样，人类通过符号工具调节与他人的关系，调节自己的行为。在这些符号中，语言是最重要的调节工具，是连接社会和个体的桥梁。

由于维果茨基研究的是儿童心理的发展，所以调节论早期主要用于解释儿童的认知发展。从儿童的认知发展过程来看，儿童是在社会环境中和他人交流,学会知识与技能,其中语言是他们的交流工具,起到了调节语言交际和调节人际关系的作用。

对社会文化理论来说,学习的过程也是在语言的调节下实现自我调控的过程。学习者通过第二语言与目的语者交流,参与外部的社会文化活动,不断地将外在的语言形式内化,直至成为自己思维的一部分。

2. 最近发展区

维果茨基认为,儿童的发展水平有两个层面,一个层面是实际发展水平,指儿童已经具备的独立解决问题的能力;另一个层面是潜在发展水平,指还没有形成的,但可以在成人的帮助下解决问题的能力。最近发展区是实际发展水平和潜在发展水平之间的距离。

维果茨基认为,通过以语言为调节工具的社会互动,学习者不断接触到知识,并在指引下把外在的知识转化为自己的知识,从社会层面内化为个人心理层面。社会文化理论在以上思想的基础上提出了"支架"学习法,其核心是在交流和互动中,教师等有经验的人通过指导性的语言帮助学习者发现知识的特征,学习者能克服困难,逐步搭建起自己的知识结构,这也是从合作学习逐步达到独立学习的过程。

对于第二语言习得,最近发展区和"支架"学习法同样存在。最近发展区指一些语言知识或技能学习者还不能独立运用,但是在别人的帮助下可以掌握。"支架"学习法,指教师等有经验的母语者可以通过与学习者的交流互动,引导学习者关注语言的特征,并在交流中促进学习者把语言特征内化到自己的语言体系中,对语言实现从他人调控到自我调控。

3. 个体话语和内在言语

在介绍调节论时提到高级认知功能的形成过程,即由客体调控到他人调控,再到自我调控的过程。在这个过程中,起到调节作用的语言也从社会言语发展到个体话语,又进一步发展为内在言语。用维果茨基的观点来解释,言语发展在开始阶段是社会性的,经历了以自我为中心的阶段,再接下来是内部言语阶段。

拿第二语言来说,按照社会文化理论,在第二语言形成的初级阶段,使用第二语言只是为了实现和他人的交流,带有明显的社会性,这时的语言是社会言语,随着学习者与他人互动的增多,学习者能慢慢感悟到语言的特征,但还不能完全掌握,这时会出现个体话语,也就是学习者的自言自语。

个体话语是学习者自我调节的表现,引导着学习过程,标志着语言已经从社会层面向个人层面过渡,学习者掌握语言的能力正在提高;最后,当学习者能完全掌握语言时,个体话语会自动消失,内化为内在言语,成为学习者语言体系的一部分,同时也成为学习者思维的工具。

第三节　第二语言习得认知模式

一、思维适应性控制模型

John R. Anderson(1983b)的思维适应性控制模型于1983年提出。早在1972年,Anderson就提出过自由回想联结网络模式。由于此模式在应用上限制颇大,所以Anderson 1973年与Bower共同提出适应性更大的人类联结记忆模式,这是ACT模型的前身。在早期的ACT模型里只包含命题网络。Anderson又将ACT修正为ACT,在这个网络模型中,包含了物件图像、次序关系、瞬时信息等。

ACT模型是关于人的认知结构的模型,用以理解个体在进行认知活动时的知识结构内部的运作过程。该模型强调高级思维的控制过程,试图揭示思维定向与思维转移的控制机制和控制原则。ACT模型假设复杂的认知由相对简单的知识单位组成,这些知识单位根据相对简单的原则被习得。

(一)ACT模型的重要概念

1.陈述性知识和程序性知识

"陈述性知识",是关于事实的信息,人们可以了解并报告出来。比如:3+4=7、华盛顿是美国总统、由词汇语素构成的语言知识(单词"树")。陈述性知识是用由许多初始知识的小单位组成的网络来表现的,这些小单位被称作"陈述性知识块",所有的陈述性知识块都被存储在公用的陈述性记忆里。

"程序性知识",是关于如何完成不同认知任务的知识。比如:解决数学问题的技能、由建构句子的方式组成的语言知识。程序性知识通过大量的类规则的单位来表现,这些单位被称为"产出规则"。产出规则是根据条件起作用的单位,根据不同的认知活动提出不同问题的解决方案。

2.学习假设和行为假设

学习假设是关于新的知识如何被习得的假设,行为假设是关于如何用习得的知识完成认知任务的假设。

3. 符号层和子符号层

符号层涉及离散知识结构,子符号层涉及类神经的激活过程。子符号层决定了符号层的可用性。

（二）陈述性知识和程序性知识的习得方式

陈述性知识的习得方式有两种:一种是对环境信息进行编码,具有被动性和接受性,比如教师在课堂上向学生传授知识,对于学生来说就是被动的、接受性的;另一种是对以往目标的结果进行存储,具有主动性和建构性。

程序性知识的习得方式:类推。类推在这样的情况下发生:首先,有一个需要解决的目标;其次,学习者需要有能力解决这个目标的事例。ACT 模型的类推机制,对已有事例进行抽象,得出能在当前情况下应用的原则,并形成包含这个原则的产出规则。一旦某种产出规则形成,它也能用到其他情况中去。所以,ACT 模型认为,参考过去问题的解决方案,同时积极地解决新问题,是习得程序性技能的途径。所以 ACT 模型是一个通过实践来学习的模型,也是一个通过事例来学习的模型。

（三）目标结构

在 ACT 模型中,每个任务可以看成是一个目标,这些目标都会被分解成子目标序列,由子目标序列构成的结构是目标结构。ACT 模型包含了大量的目标,新添加的子目标一旦被完成,就会被存储在记忆里。最新添加的子目标需要及时解决,一旦实现了就会从目标结构里删除掉。子目标的等级组织和有限的处理给选取知识和使用技能的方式赋予了较强的有序性。

二、节奏变量

（一）言语流利性

Lennon（1990）认为流利性是纯粹的言语表现行为。如果说话人的言语计划和言语产生的心理语言过程的运作有效且毫不费力,就能给听话人造成表达流利的印象。从某种程度上讲,流利性反映的是说话人通过言语使听话人的注意力集中于信息的能力,而不会让听话人的注意力集中到说话人言语产生机制的运作当中。广义的流利性是口语水平的总称;狭义的流利性强调说话时的语速,通常与准确性相对立存在。但是很难将流利性从口语能力的其他部分中完全分离出来。也就是说,流利性首先是一种时间性现象。他把流利性的研究限定在产出性过程,即言语计划和言语表达。

　　有趣的是 Towell 提出的语言知识的习得和对语言的控制（程序性技能）是可以相互独立发展的。Ellis(1990a)为了考察语言控制的发展（测量节奏变量）和语言知识的发展（测量语序规则的习得和标准化水平测试）之间的关系。考察了 39 个学习德语的成人课堂学习者,发现他们语速的提高和语序规则习得呈显著的负相关,而且语言控制和语言发展之间的相关性很低。这说明只注重语言知识学习的人,在程序化技能上可能不会提高,甚至会下降;反过来,只注重流利性的学习者,语言知识不一定能完全掌握。

　　(二)影响流利性的主要因素——言语计划

　　"言语计划"是有关语言形式和语言意义的激活和提取。言语计划这个概念被广泛用于言语产出模型里。Crookes(1991)指出,大部分言语计划都分成"宏观计划"和"微观计划"。宏观计划关注较大的言语语块的句法和语义的组织,微观计划只关注言语的局部功能。比如标注从句边界和选择词语。第二语言言语计划体现了学习者如何灵活运用自己的现存知识。

　　第二语言学习者言语计划的能力是随时间而变化的（言语计划的发展性）。德国 Kassel 大学的研究者把对言语计划的研究作为考察学习者的程序性技能的本质工具,也是区分联合阶段陈述性知识的应用（水平较高的第二语言说话者的言语特征）和自动化阶段的程序化（母语说话者言语的特征）的方法之一。

　　言语计划有两种基本类型:节奏变量和迟疑现象。它们都可以作为考察言语流利度的变量。

　　(三)节奏变量和 Levelt 的言语产出模型

　　语速的快慢需要概念器、语形器和发音器一起工作。说话人两次完成同一言语任务或用第一语言和第二语言完成同样的任务会造成语速的加快,这也是程序化的表现。发声速度主要和发音器有关,发声速度的提高是发音器程序化的表现。

　　停顿是节奏变量中一个比较重要的问题。停顿受言语的任务类型和说话者的个人因素的影响而具有不同的类型。例如广播访谈的发音时间就比描述卡通漫画的要长。这是因为说话人把一部分时间用来思考要说什么话或怎么表达。造成停顿的原因有这样几点:(1)决定下一步要说什么。这种停顿的位置一般处于短语之间和小句之间;(2)如何表达自己的言语。这种停顿的位置一般在短语和小句之中;(3)注意句子结构的需要;(4)平衡输出成分长度的需要。除了言语任务和个人因素的影响外,不同类型的停顿可以说明在概念器里出现了困难,或是在语形器里出现了困难,或者是概念器和语形器里都发生了一些困难。

如果学习者的口语语速随时间而逐渐加快,说明学习者在把更多的知识程序化了。如果平均语流长度有显著性增加,这说明语形器的程序化也在显著性增加。

三、信息加工模型

(一)信息加工模型的一般原理

信息加工理论兴起于20世纪50年代,它将人脑和计算机进行类比,把人脑看成类似计算机的信息加工系统。信息加工系统是现实的物理符号系统。符号的功能是代表、标志或指明外部世界的事物,符号和符号结构是外部事物的内部表征。信息加工系统都是由感受器、效应器、记忆和处理器组成的。感受器接受外界信号,效应器做出反应,处理器对符号进行处理,建立符号结构,决定基本信息过程的序列。

信息加工模型把人的心理看作是一个容量有限的处理器,心理的结构和资源都存在局限性。第二语言学习者在信息加工的容量上,受到两个条件的制约:(1)任务所需注意力的多少;(2)个人信息加工的能力。学习者不可能同时关注语言输入里的所有信息,有些信息成为注意的焦点,有些信息只受到选择性的注意,有些信息没被注意。为了使信息加工的能力最大化,学习者就要使自己的语言技能趋于程序化。

(二)注意与信息加工的局限性

William James 强调注意的含义是:每个人都知道注意是什么。它是心理接受信息的过程。如果我们以一种清晰和生动的形式来看,它是从同时呈现的几个物体或思维序列中选择一个对象的过程。意识的集中与专注是注意的核心。注意的选择性正是人类大脑处理信息的局限性所需的。

注意可以分成"集中注意"和"分散注意"两类。集中注意是指向学习者同时呈现两个或更多刺激输入,学习者只对其中一个做出反应的情况。对集中注意的研究可以弄清楚学习者怎样有效地选择某些刺激输入,而不是选择另外一些刺激。分散注意是指同时呈现至少两个刺激,学习者注意所有输入刺激,并做出反应的情况。对分散注意的研究可以提供个体信息加工局限性方面的有价值信息。一般来讲,学习者个体能决定进行集中注意还是分散注意。

（三）记忆和信息加工

记忆有三种形式：

1. 感觉储存：每一种感觉储存保持的时间都非常短暂，而且只局限于一种感觉通道。

2. 短时储存：储存容量很有限。

3. 长时储存：储存容量相对无限，保持时间也可以很长。

感觉储存首先接受来自环境中的信息。这些储存信息是局限于一种感觉通道的（如视觉的或听觉的）。语言信息在感觉储存中保持的时间很短暂，其中一部分引起注意并被短时储存进一步处理，经短时储存的那部分语言信息被转移到长时储存之中。语言信息的长时储存常常依赖于复述，短时储存的复述量与所储存的记忆痕迹的强度存在直接关系。

第四节　多元发展模式

一、多元发展模式的基本理论

多元发展模式是在德语作为第二语言（GSL）习得的一系列研究的基础之上提出来的。这些研究对第二语言习得研究领域产生了很大的影响，并引发了英语作为第二语言（ESL）和日语作为第二语言的（JSL）习得（自然情景）与学习（课堂教学情景）研究，同时也促进了欧洲和北美地区第二语言习得研究在方法上的转变，使其成为当时第二语言习得研究的一个理论热点。这一节我们将对多元发展模式的基本理论进行简要的介绍。

（一）多元发展模式的基本观点

ZISA 小组进行了大量的实证研究，这些实证研究为多元发展模式奠定了坚实的理论基础。Ellis 在多元发展模式实证研究结论的基础上，将多元发展模式的理论观点概括为以下几个方面：

1. 学习者在一些语法结构（例如语序和一些语素）的习得上呈现出一定的发展顺序。比如，以德语为第二语言（GSL）的学习者在习得德语语序规则的过程中最先经历典型顺序阶段，最后到达动词结尾阶段，并遵循以下的习得顺序：

2.学习者之间存在个体差异,这种差异不仅表现在发展性语言规则(发展性语言特征)的习得和运用程度上,还表现在不受发展限制的语法结构(差异性语言特征)的习得和使用程度上。按照学习者在习得和使用语言特征时所受限制的类型,我们可以把语言特征分为两种类型,一种是受到言语加工策略限制的语言特征,我们称之为发展性语言特征,或者是发展性语言规则,又或者叫发展性语言结构;另一种类型的语言特征则不受言语加工策略的限制,而受到外部因素的影响,比如对目的语社团的态度和社会心理因素等。无论是在发展性语言特征的习得和使用上,还是在差异性语言特征的习得和使用上,不同的学习者之间都存在着个体差异。

3.发展顺序反映了学习者克服言语加工限制的系统方式。从本质上说,这些言语加工的限制属于一般的认知加工限制,它制约着言语的产出。只有不断地克服各种言语加工的限制和束缚,才能促进语言习得的不断发展。因此,第二语言学习者语言的发展过程就是学习者不断摆脱不同言语加工的限制的过程。

4.学习者之间的个体差异反映了学习者对语言学习任务的整体倾向性,同时,这种倾向性又是社会心理因素的产物。学习者具有想要融入目的语社团和文化的强烈愿望时(融合型动机),或者虽然不想融入目的语社团但是为了工作升迁而努力学习、想要学好目的语时(工具型动机),那么学习者就会使用较多的目的语形式;如果既没有融合型动机又没有工具型动机时,那么学习者就会使用较少的目的语形式。

(二)多元发展模式的理论框架

按照多元发展模式的基本观点,多元发展模式的理论框架概括为"五个阶段"、"两条线索"、"三种策略"。所谓"五个阶段"是指德语作为第二语言的学习者语言发展顺序,这一发展顺序反映了第二语言习得发展的共性;"两条线索"是指第二语言学习者语言发展的两个维度,即语言发展维度和个体差异维度;"三个策略"是指多元发展模式的言语加工策略。

1.德语作为第二语言(GSL)语序发展的"五个阶段"

"五个阶段"指的是 ZISA 项目的研究者们在考察德语作为第二语言的语序习得顺序时所发现的学习者所经历的五个语言发展阶段。他们发现,学习者在习得某些语法结构时,遵循着一定的发展顺序,具有清晰的发展序列。这种发展顺序表现为一定的发展阶段。具体表现如下:

第一个阶段是典型顺序阶段。研究者发现，母语为罗曼语的学习者在学习德语语序之初，倾向于使用类似的结构，学习者把"主语＋动词＋宾语"作为他们对德语语序的最初假设。

第二个阶段是副词前置阶段。在这一阶段，他们能够将副词移动到句首位置。但是，当一个句子以副词开头时，他们还不会把主语和动词倒装（在德语中，当状语前置于句首时，主语和动词需要倒装），这个规则直到第四个阶段他们才能够掌握。

第三个阶段是动词分离阶段。在规范的德语中，助动词和动词必须进行分离。

第四个阶段是倒装阶段。在德语中，某些结构成分前置以后（比如句首是副词或疑问词时），主语和屈折形式的动词必须倒装。

德语第二语言学习者的语序习得严格遵循上述五个阶段顺序逐步发展，这种发展是渐进式的，而不是跳跃式的，学习者的语言发展不会跳过某一个阶段而直接进入下一个发展阶段。当进入一个新的发展阶段时，学习者的中介语系统仍然保持着前几个阶段所习得的语序。也就是说，这五个阶段存在一种蕴涵关系，当学习者的中介语系统中出现某一阶段的语序时，也就意味着他的中介语系统中同样会出现前几个阶段的语序。

2. 学习者进行言语加工的"三种策略"

"三种策略"指的是学习者所采用的三种言语加工策略。它们是 Clahsen(1981)根据第二语言学习者习得德语语序的研究提出来的，这三种言语加工策略是：

(1)典型顺序策略，即 Canonical Order Strategy(COS)。这种言语加工策略限制学习者对语言结构成分做出变动，既不允许有语言构成成分的换位，也不允许对其顺序进行重新排列。学习者产出的话语体现的是最基本的语序，它反映了意义和句法形式的直接映射关系。所谓"典型顺序"指的是在多数语言中的 SVO 语序。比如以德语为第二语言的学习者在学习德语词序规则时首先采用 SVO 顺序，因为这也是德语最基本的语序，不涉及语言内部结构成分的变动。

(2)首位/尾位策略，即 Initialization/ Finalization Strategy(IFS)。这种加工策略并不对语言结构的内部构成成分进行位移变化，但是可以将处于结构首位的成分移到尾位，也可以将处于结构尾位的成分移到首位。

（3）从属句策略，即 Subordinate Clause Strategy(SCS)。这种加工策略允许学习者对主句中的结构成分进行移动，但是限制学习者对从属句中的结构成分进行移动。也就是说只能进行主句成分的移动而不能进行从句成分的移动，这种策略限制了学习者对第二语言结构进行深度加工。

二、多元发展模式的理论价值与局限

（一）多元发展模式的理论价值

多元发展模式的理论价值不仅体现在它能够充分地解释学习者语言的发展，而且还在于它构建了一个预测学习者语言发展的框架。（Ellis,1994：387）通过确定潜在的言语加工策略和心理操作过程，我们就能够预测学习者会在语言发展的哪个阶段习得哪些语法结构，而且这种预测是可以接受检验的，较之于克拉申的"i＋1"概念的不确定性，多元发展模式的预测框架是一个较大的进步。

作为一种理论，多元发展模式不仅具有很强的解释力和预测力，而且也可以运用到实践中来。Larsen－Freeman and Long(1991：287)指出多元发展模式可以运用到以下几个方面：首先，我们可以根据语言发展阶段来制定教学大纲。就某一具体语言的习得（第二语言习得）来说，知道了第二语言学习者在语言习得过程中所经历的发展阶段，我们就可以据此制定相应的教学大纲，作为进行第二语言教学的根据。由于发展阶段指明了教师可以在语言发展的哪个阶段教给学习者哪些规则，因此，在制定教学大纲的时候，我们就可以根据发展阶段对语言项目进行排序，确定哪些项目必须先教，哪些项目必须后教（对发展性语言特征而言），以及哪些项目（差异性语言特征）不受这些限制。其次，我们还可以把它运用到教学法中去。了解了学习者的语言发展阶段，知道哪些是发展性语言特征，哪些是差异性语言特征之后，我们就可以据此对学习者的语言表现进行评估，发现学习者偏误的类型，知道哪些偏误属于受发展制约的，哪些属于个体差异，进而确定是否可以予以纠正。对于那些发展性语言特征上出现的偏误，教师不必刻意纠正（也无法完全纠正），因为这些偏误会随着学习者语言发展阶段的提高而逐渐消失，对于那些差异性语言特征上出现的偏误，教师可以采取相应的手段予以纠正。

（二）多元发展模式的局限

任何理论都不可能是十全十美的，多元发展模式也不例外，它也存在一定的局限。首先，正如 Larsen – Freeman and Long 所说的那样，多元发展模式并没有解释学习者是怎样克服言语加工的限制以及为什么要克服言语加工的限制的。多元发展模式提出学习者语言的发展受言语加工策略的制约，由于它所提出的言语加工策略具有普遍的意义，可以推广到其他语言的习得中去，所以确定言语加工策略的本质就显得格外重要，这是一个非常重要的前提条件。但是多元发展模式除了提出言语加工策略限制的观点之外，它本身也并没有具体说明学习者到底是如何掌握语言规则的，比如，它没有说明，受加工限制的语言结构是哪种类型的语法规则，它们是如何习得的。这些语法规则属于先天的知识，还是其他类型的语法规则属于先天的知识。这些多元发展模式都没有明确告诉我们。

其次，多元发展模式在如何确定学习者语言中的套话以及在如何建立判定变异性特征的先验的知识上存在一定的困难。假如一个学习者处于阶段 1，却产出了属于阶段 3 的话语（包括形态），那么这会在多大程度上影响这个理论的正确性？当然我们可以说这样的话语是一种公式化话语，它不受言语加工的限制，所以很容易就维护了这个理论的正确性。但是除非在进行分析之前就已经确定了明确的方法来辨认哪些是套话，哪些是受言语加工限制的语言结构，否则人们就会对这个理论的正确性提出质疑。变异性特征（指受个体差异支配的语言特征）也是这样，只有事先确定一些方法来分辨哪些是变异性特征哪些是发展性特征，我们才能够将那些不符合这个模式的预测框架的特征排除掉。

最后，多元发展模式只是根据学习者的话语产出对习得提供了一种解释。它既没有告诉我们学习者怎样理解语法结构，也没有告诉我们理解和产出是如何互动的，特别是这个理论并没有告诉我们学习者如何将语言输入进行内化，并怎样用内化了的知识来重构自己的内部语法。这是多元发展模式的局限和不足之处。

虽然多元发展模式存在以上问题，但是这些问题大部分反映的是这个理论模式的局限而不是缺陷，正如 Larsen – Freeman and Long（1991：283）所指出的那样，不管多元发展模式最终的有效性如何，这个模式和 ZISA 项目已经为第二语言习得研究做出了一些重要的理论贡献了。

第五章 外语教学的语言认知

第一节 对语言的认识

一、语言的定义

我们研究语言教学,是为了揭示和阐明语言教学的规律,以便提高语言教学的效率和成功率。而我们研究英语教学,是为了揭示和阐明英语教学的规律,以便提高英语教学的效率和成功率。语言教学的规律主要是由语言规律、语言学习规律和一般教育规律等共同决定的,是这些规律的综合反映。因此,要揭示和阐明语言教学的规律,就必须首先研究语言规律、语言学习规律和一般教育规律。

给语言下定义并不是一件容易的事情:语言是一种既普通又特殊的现象。说它普通,是因为人们每天都在使用语言,凡是语言器官健全的适龄人,都至少会说一种语言;说它特殊,是因为它跟其他社会现象不完全一样:它到底是怎样产生和发展的? 它跟大脑和思维有什么关系? 它有哪些具体规则? 人们是怎样学会使用语言的? 对于诸如此类的问题,至今还难以做出令人满意的解释。尽管自出现人类文明以来人们就开始了对语言的研究,但是语言之谜至今尚未完全解开:

语言既是一种极其复杂的社会现象,又是一种极其复杂的心理和生理现象。因此,人们可以从不同的角度,用不同的方法来观察和解释语言。因为不同的语言研究者研究语言的目的、角度和方法等往往不同,所以对语言的解释也往往不同。比如,"语言是人类交际的工具",这个定义并不是很全面、很正确,实际上这个定义是广义的。传统逻辑认为定义是揭示概念所反映的事物本质的较为简短而明确的命题,是通过列出一个事物或者一个物件的基本属性来描写或者规范一个词或者一个概念的意义。事实上,定义就是要把某个东西最关键的特性指出来,这种特性是其他东西所没有的,它有很强的排斥性,把这样的性质指出来就叫下定义。

首先,语言是一种系统。言语不是杂乱无章的,不是言语材料的任意堆砌,言语材料的任意堆砌是不可能进行有效的交际的;要有效地进行交际,就必须用有一定内在联系的一系列的规则来支配言语,这种有一定内在联系的一系列的规则就是一种系统。凡是系统都包括一系列既相对独立又以一定的方式互相联系的子项。系统由子项组成,又以一定的方式统摄、规约子项。在大的系统中,子项也是系统,作为系统的子项叫做子系统。无论是系统还是子系统,其内部各组成成分之间都有一定的内在联系,并受一定的规则的支配。第二语言就是一个大的系统,它包括语音系统、词汇系统、语法系统、语用系统和(书面语言的)文字系统等子系统。

其次,语言是一种音义结合体,语言在本质上是口头的。书面语言的产生远远落后于口头语言,它最初只是以文字形式对口头语言的记录。书面语言产生以后也有自身的发展,逐渐形成了自己的特点,并且反过来反映口头语言,但是书面语言毕竟不能脱离口头语言。不是所有的人都能掌握书面语言。有些民族至今还没有自己语言的文字,就更谈不上掌握书面语言;即使有很发达的书面语言的民族,有的还有大量的文盲。文盲不等于没有语言。人们学习第二语言,有的只学习口头语言,不学习书面语言,或者以学习口头语言为主,把学习书面语言放在次要的地位。因此我们在讨论语言问题的时候,首先要着眼于口头语言,因为语言在本质上是口头的,所以可以说语言都是以声音表示意义的;从语言的角度说,不存在没有声音的意义,也不存在不包含意义的声音,不包含意义的声音对语言毫无价值。在语言形成的过程中,以什么样的声音代表什么样的意义,并没有客观必然性,其形成是由一定的社会集团的成员在共同的劳动、生活和交往中约定俗成的。一旦约定俗成,就成为相对稳定的形式,任何个人都不能随意改变。所谓相对稳定的形式,就是在语言发展的一定的阶段上,一定的意义要用一定的声音来表示,一定的声音代表一定的意义,声音和意义之间有固定的对应关系。

语言用于交际的方式是通过言语进行表达和理解。语言是人类最重要的交际工具。这里所说的交际,就是互相传递信息,以达到彼此了解或理解的目的。互相传递信息可以用语言,也可以用别的手段,交际又可以分为语言交际和非语言交际。我们这里只讲语言交际。语言交际的具体方式就是通过言语进行表达和理解,交际活动不可能是单方面的,必须由交际双方同时参与。当交际的一方进行表达的时候,交际的另一方处于理解的地位,反之亦然。表达就是输出,要通过说和写;理解就是输入,要通过听和读。听和说是口头交际,用的是口头语言;读和写是书面交际,用的是书面语言。

具体交际活动中的听、说、读、写都是跟具体的人联系在一起的,都是言语活动。这种言语活动离不开言语要素,但是言语活动的能力不是通过言语要素的传授就能自动获得的,而是要通过实际练习才能掌握的,所以言语活动不是体现为知识,而是体现为技能,我们把这种技能叫做"言语技能"。

言语表达要达到交际目的,就不但要讲究言语的正确性,而且要讲究言语的得体性。所谓言语的正确性,就是言语中的语音、语法结构等都符合语言规则;所谓言语的得体性,就是表达的内容和对语音形式、词、语法结构、应对方式等的选择都符合交际对象、交际目的和交际场合的特点。言语的正确性是由语言规则决定的,言语的得体性是由语用规则决定的。

语言还是人类所特有的。人类之所以有自己的语言,首先是由于人的发音器官能够发出各种各样的声音。大脑既有形象思维的能力,又有抽象思维的能力,这些都是人的主观条件。动物之所以不能学会人类语言,就是因为不具备这些条件。语言离不开人类社会,因为它是人类交际的工具,是一定社团的成员约定俗成的。如果离开了人类社会,语言既没有存在的必要,也没有产生和发展的可能。个人语言的发展也离不开社会,狼孩之所以没有学会语言,就是因为脱离了人类社会。

不同民族的语言系统既有共同点,又有不同点。有共同点,是因为各民族成员的主观条件相同,生活环境、所接触到的现象大部分也相同或基本相同,例如,日月星云、饥渴冷热、生老病死、人际交往等等,是所有民族都能见到的普遍现象,这些普遍现象都必然要反映到各民族的语言系统中,这些就是形成各民族语言的共同点的客观基础。有不同点,是因为不同民族的生活环境、社会和文化背景等不完全相同,因此所接触到的现象不完全相同,观察现象的角度和方法也不完全相同,这些就是形成各民族语言的不同点的客观基础。

二、语言的特征

(一)语言的交际性

语言是人与人之间交际的工具:语言是人类最重要的交际工具。语言的交际性是语言最本质的功能。作为社会现象的人类语言,首先是为社会服务的,它是随着人类交际的需要而产生、发生和继续存在的。

人类语言和人类社会是同步产生的,二者是密切相关的。人类祖先为了生存和获得必要的劳动成果,必须依靠群体。只有群体才能增加他们的力量,只有语言才能作为群体之间的交际工具。随着社会的发展,人类的生活变得多色彩、多层次、多维度。人类为了适应改造社会和协调社会生活的需要,就需要使用很多有效的交际工具,但最常用最有效和最重要的工具就是语言。拿"社会"一词来说,我们可以理解,在不同的语言中,表明语言是社会交际的基本条件。在英语里,"社会"有"交际"、"协会"的含义;在德语里,"社会"原来的含义是"交谈者"、"社交宴会"。可见,人类语言从产生之日起,就作为人们交际的工具为社会服务,活跃在人类社会的一切领域之中,从经济基础到上层建筑,从日常生活到政治生活,从此行业到彼行业,可以说无所不包。可以预见,没有语言,人与人之间的联系就会中断,社会就可能解体。

人类的交际工具不只是语言,旗语、电报代码、手势、体态等都可以在某种范围内作为人们的交际工具。旗语、电报代码等只适用于某些特殊领域,而且它们大多是在语言和文字的基础上产生的,使用的范围相当狭窄,它们只是作为语言的代用品起辅助性的作用,根本无法同语言相比。语言服务的领域要广阔得多,从生产领域、经济关系领域、政治领域、文化领域到人们的社会生活、日常起居,无所不包。在交际过程中它不仅能交流思想,还可以传达彼此的情感,虽然人们的手势、体态等各种伴随动作也能传达情感,甚至还可以脱离语言独立地完成某些交际任务,但它们毕竟是非语言的交际工具,所表达的意义非常有限。至于聋哑人的手指语,是为了帮助失去说话、听读能力的聋哑人进行交际,按照正常人的语言设计的一套特殊的语言。手指语的交际功能完全是语言赋予的。在所有的交际工具中,只有语言才是人类最重要的交际工具。

人类语言交际过程,是说话者和听者双方交流思想的过程。说话者或作者用语言表达思想,听者或读者通过语言吸收理解对方所表达的思想,然后听者或读者变换其他地位成为说话者或作者,并用语言表达思想,理解对方所表达的思想。交流的思想是人们运用语言进行交际活动的基本内容,是人类区别于动物的根本标志。语言交流的过程首先是双向的,交流双方通过思想的双向交换,在各自经验的基础上,不断地将自己的观点向对方展示,让别人认识自己;同时发现他人的思想,在互动中达到相互的理解。在交流中,双方可以通过创造性地运用语言理解和表达思想内容。语言允许每个人在无穷尽的语境中创造词语,而且可能是新奇的词语。在这许许多多的语境中,语言被规约、被创造,去适应永远发展的交流的需要。旧的词语在变化,新的在产生。人类不是自然地只会使用没有变化的喊叫或动作,他们天生就有语言的综合能力,而且是一种创造性的能力。如果赋予他们从环境中学习的机会,所有的人都可以用很多无穷尽的方式进行交流。在交流的过程中,由于社会地位和交流场合的不同,运用语言时存在着社会变异和风格变异。语言变异是指社会成员因其性别、年龄、职业、文化程度等的不同,使语言的运用呈现各自不同的特点。

认识语言的交际性对英语教学具有重要的启示。首先英语教学的目的是培养学生为交际而掌握运用英语的能力。语言是重要的交际工具,英语作为语言是重要的国际交际工具。因此,英语教学的目的之一不只是教学生掌握基本的语言知识,形成自动化的习惯,更重要的是培养学生为交际运用英语的能力。在教材的编写、教学内容的安排上,也要考虑作为交际运用英语的总出发点。选择那些日常生活中常用的话题和话语以利于进行言语交际活动。在英语教学过程中也应贯彻交际性原则,尽量运用英语教学,并加强交际性的操练,以提高学生运用英语的能力

(二)语言的思维性

用语言进行交际,包括两个方面:一方面说话人运用语言这个工具来表达自己的思想;另一方面听话人通过多样的工具来理解对方所表达的思想。当然,双方也通过语言来传达彼此的感情,但是运用语言进行交际的主要是交流思想。因此,语言不仅是交际工具,它还是人类必不可少的思维工具。思维是人脑的一种机能,是人脑反映客观世界的过程。思维活动的成果就是我们常说的思想同语言一样,思维只存在于人类社会中。它也是社会的产物,随着社会的产生而产生,并随着社会的发展而发展离开社会,无所谓语言;没有语言,思维活动无法进行,社会、语言、思维同时产生、互相依存,

任何将它们割裂开来的想法都是错误的。思维分为形象思维和抽象思维两种。形象思维是通过具体形象直观地反映客观世界的过程,这种思维人和动物都有。我们所说的主要是抽象思维,即运用概念、判断和推理间接地、概括地反映客观世界的过程。这种对客观世界的理性认识动物不具备,只为人类所独有。精神活动必须用物质的东西作手段,思维必须借助语言才能进行。一个会说话的正常人总是在语言材料的基础上进行思维的。交谈的时候如此,沉思默想的时候也是如此,只是后者话在心里"说",没有发出声音罢了。语言是思想的直接现实,是认识成果的储存所。任何思想只有在语言的术语和词句的基础上才能产生和存在,脱离语言的赤裸裸的思想无处生存。

语言是思维活动的媒介和工具。思维活动是在语言基础上进行的,思维离不开语言。因此,英语教学也要养成使用英语进行思维和交流思想活动的能力。如果英语教学过程中不能养成使用英语理解和表达思想的能力,就难以掌握地道的英语和英语的精神实质,这样,在用英语表达思想时,就会在头脑中用母语把思想描绘好,然后再译成英语来表达思想。在听英语时,就会先在头脑中把英语译成母语,才能理解。如果英语教学始终离不开母语作为中介,英语就学不纯,学不地道,就培养不出用英语理解和表达思想的能力。

（三）语言的有声性

有声性是语言外壳的有声实质。有声性是语言最本质的自然属性,音义结合是语言的起点和终点,音形义结合是语言的完美组合。人们之所以能感受和运用语言,是因为有了由口腔发出的语音作为物质外壳,是语言成为物质的、现实的、听得到、说得出、看得见、写得出的语言。语言的词和句都是用语音来体现的。没有语音,语言的词和句都不复存在。正如斯大林在《马克思主义和语言学问题》中说:"有声语言在人类历史上是帮助人们脱离动物界发展自己的思维,组织社会生产同自然力量做胜利斗争并取得我们今天进步的力量之一。"

有声语言,即口语,是第一性的。口语和书面语是语言的两种不同的存在形式。口语是人们平常讲话所运用的语言,是说的语言和听的语言;书面语是人们做文章所运用的语言,是写的语言和看的语言。口语和书面语相比,口语的历史要悠久得多,应用也广泛得多。它与人类社会的产生有着密切的联系,并且深入到社会的各个领域、各个阶层;书面语是在口语的基础上产生的,是在文字产生以后才出现的。没有书面语的民族至今还很多,但是没有口语的民族却是不存在的。有书面语的民族,它的应用范围也只限于识字阶层。所以说,口语是第一性的,书面语是第二性的。在交际活动中,口语有更重要的意义。一个社会可以没有文字,但不能没有口语。没有口语的社会就不会存在口语产生。已有几十万年的历史中,记录口语的文字却只有几千年的历史。今天世界上人们运用没有文字的口语远比使用有文字的语言多得多。文字产生以后,随着口语的演变和发展而演变和发展。文字始终从属于口语,是一种辅助的交际工具。

口语具有及时性、暂留性和临场性三个特点。及时性指讲话必须一句接一句,中间不允许有较长时间的停顿。暂留性指一句话讲出来,留在记忆里的时间很短,一般人听连续的语流,精确地留在记忆里大概不超过七八秒。临场性指演讲者通常会做出及时的反映,或欢声笑语,表示赞同;或摇头皱眉,表示反对;或兴趣盎然,情绪热烈;或表情冷漠,心不在焉等。

语言有声性的特点决定了英语教学的目的之一是培养学生的口语能力。在教学中要更重视口语训练,选择适当的口语教材,教育学生首先掌握语言的声音,训练学生认词读句。在掌握声音的基础上再学文字,培养读写能力,从而达到听、说、读、写的全面发展。

(四)语言的情感性

语言有表情达意的作用,有最完备的表情达意的功能。人们在发出分音节的有声语言时,常伴随着手势、眼神、脸部表情和身体动作等以加强表达感情的作用。人们在用语言进行交际活动时,不可能没有表情或动作,不可能没有丝毫感情。可以说,语言交际活动是处于表情、动作等非语言工具的范围之中,所有这些表情动作目的是为了加强有声语言和加深表达情感的印象。

非语言交际方式可分为三种类型:无声的动态、无声的静态和有声而无固定语义的伴随语言。无声的动态指用点头表示同意、肯定或加重语气和表示满意的情感;摇头、摆手常表示不同意、否定或不满意的情感;微笑表示欢迎、同意、赞许、满意或欣赏。人们可以用无声的全身、头部或手指、面部表情与动作表示喜、怒、哀、乐的各种情感,人们面部表情可以表示快乐、悲哀、恐惧、厌恶、愤怒、惊奇、兴趣、羞耻、蔑视、内疚等多种情感。无声的静态可以表达语义和情感。人站着一动不动,表达呆若木鸡的语义或惊奇、悲哀、害怕、漠然等不同情感。人有各种不同的静态姿势,诸如靠着窗门桌椅、端端正正的、弯腰驼背的、僵直的、弯曲的、侧身、脸朝天、背向地躺着、盘腿、跷二郎腿、交叉着腿等各种无声静态姿势,都传达一定的语义和情感。伴随语言是一种有声的,却是非语言的,诸如各种笑声、哼哼声等。单就笑声就有哈哈大笑、傻笑、咯咯笑、捂着嘴笑、皮笑肉不笑、苦笑、甜蜜的笑、微笑、讥笑、冷笑、假笑、阴险的狞笑、谄媚的笑等等。

综上所述,表情动作等非语言手段起着加强情感因素的重要作用。英语教学过程中特别是角色表演和英语交际活动中,也应运用非语言手段加强表情达意的作用和增强英语的感染力。英语教学不仅要借助录音带体会英语发音的特色,更要通过看幻灯片、录像片和教师的表情动作以提高表情达意的效果。教师通过绘声绘色的解说既能创造生动活泼的教学情景,又能增强英语的感染力。这是教师教学的艺术,是提高英语教学质量不可缺少的重要因素。为了使英语起到表情达意的作用,英语教学就应建立一个具有安全感的和生动活泼的环境,这种安全的学习环境能使学生减少紧张和焦虑的程度,促进学生轻松愉快地积极参与英语学习。心理学理论证明,轻松愉快的学习能充分发挥学生学习的兴趣、积极性和潜能,从而增强记忆效果,加速掌握运用英语的能力;呆板、枯燥、乏味、紧张的学习,只能抑制思维的活动,降低学习效果。

三、语言研究理论

(一)语言的内部研究

语言研究发展到现在,如果从当代角度来看,语言学已发展得相当成熟,发展出许多分支。什么叫语言学? 语言学是对语言的科学研究。发展到今天,语言学的分支相当多,这也说明了语言学成为一个成熟的学科。如果从现在这个角度来说,可以分成对语言的内部研究和对语言的外部研究两大块。语言的内部研究是对语言不同层次的研究,可以分成语音学、语法学、句法学、语义学、语用学等。

语音学的研究对象是人类发音器官发出的各种声音,特别是言语声。通常语音学包含三个分支学科:声学语音学,主要研究言语声从话者到听者在空气中的传播特性,这需要用物理或声学的方法对言语声的波形进行频率和幅度等方面的分析研究;听觉语音学,主要用心理手段研究我们是怎么感知并且识别出不同的声音的;发音语音学,则研究发音器官是如何产生言语声的,以及每个人是如何通过他/她自己的发音器官,产生出他/她独有的、与别人不同的声音的,而且还要研究如何对声音进行分类和描写。

语法学研究连词成句等制约语言行为的规则。一种语言的语法是该语言的语法规则的总和。二语法研究的对象是制约语言行为的规则。但是各研究者的出发点各不相同,大体上有下列各类:从研究方法看,有实证主义的语法和唯理主义的语法;从研究对象的时限看,有贯穿不同时期的历时语法和属于同一段时间的共时语法;从研究者的社会目的看,有规定性的语法和描写性的语法;从研究者的教育目的看,有供语言学研究的语法和教学用的语法;从所研究的语言范围看,有普遍语法和语别语法。

语法学要研究语法范畴,即语法意义的一些种类,包括词类、性、数、格以及人称、式、时、体、态等,它们各有不同的语法形式。语法学还要研究语法单位和语法结构。语法分析通常分层次进行,不同的层次有不同的单位。最底层是词素,高一层是由一个或一个以上词素组成的词,再高一层是同组、分句、句子,后三项都由前一个层次的一个或一个以上单位组成。句子之上还可以立语段,由一个或一个以上句子组成。语段一般作为语用学的单位考虑。每个单位和层次都处于一定的结构中。

句法学研究语言的句子结构。该语言学术语来自希腊语,字意是排列。句子是根据一种特定的排列词的方式构成的。排列正确的句子被认为是合乎语法的句子:合乎语法的句子是根据一套句法规则构成的。句法是一个规则系统,二句法是一个由一套数量有限的抽象规则组成的系统,句子由单词组合而成。句子的语法性是指句子的合成必须符合本族语者头脑中的语法知识。任何一种语言的句法规则都包含了说话者的头脑中的语言知识系统(称为语言能力)。任何语言的句法规则的数量是有限的,但说话者可以理解和表达的句子的数量是无限的。

语义学又称作词义学,研究自然语言中词语意义的学科。也可以指对逻辑形式系统中符号解释的研究。发展趋势是两者汇流,相得益彰。语义学有以下几个分支:(1)哲学语义学。这是哲学家对自然语言的语义的研究,围绕着什么是意义这一难题展开。古希腊时代柏拉图提出,词语的意义就是其所指对象,这种观点称为指称论。有些哲学家如 D. 戴维森提出,语句的意义与命题的真假有关这种观点称为真值论。L. 维特根斯坦反对真值论,认为词的意义是它在语言中的用法,他的理论叫做用法论。到目前为止,关于什么是意义的争论还在进行。(2)历史语义学。语文学家早就关注语义问题,尤其是词义演变问题。中国和西方学者都做过大量而细致的词源和训话研究。(3)结构语义学,在结构主义理论影响下,一些语义学者由历时性的研究转向共时性的研究,由研究一个词的语义变化转向研究的语义关系。(4)生成语法学派语义学。目标是描写和解释人们的语义知识;同时,也描写一切词组和一切句子的意义。(5)孟德斯鸠语义学。认为了解一个句子的语泛就是了解该句子是否符合真值条件,是否真实反映世界全的情况。

语用学研究语言符号和语境信息互动产生语,其是语言学不可分割的组成部分。人们对语用学产生兴趣有诸多的因素。C. W. Morris 把语用学这一概念引入符号学时,把符号学划分为三个方面:结构学、语义学和语用学。语言学在国外,特别是在英语国家的发展大体上是遵循符号学的这三个方面进行的。首先,结构主义语言学,特别是它的描写学派,力求把研究的范围仅仅局限在语言单位间的形式关系方面,有意地尽量不涉及意义,"把意义排除在外"。但是到了 20 世纪 60 年代中期,这种方法已日益途穷,无力充分、全面地分析语言事实并转换生成语法,这些国家的语言学就又回到了语义问题上来。起初是一般地涉及,后来语义分析日趋详尽,这样,不仅在词汇领域,而且在句法领域,语义研究均跃居领先的地位。然而,转换生成语法的语义成分仍不能满足语言研究,特别是语言功能研究的全部需要。在转换生成语法的语义学理论中,语句是跟虚拟的、抽象的语言使用者发生联系的,而现实中运用语言的人及其感情、相互关系、意图和目的等则被排斥在分析之外。人们开始懂得,为了充分阐述语言现象,包括语言的结构及其在言语中的使用特征,必须顾及语言形式在功能方面的种种因素,这就促使人们把注意力投向语用学。从 20 世纪 70 年代初期开始,"语用学"这一术语以及相关的概念便日益频繁地出现在不同学派语言学家的论著中。

(二)语言的外部研究

前面的几个分支基本上是语言内部的层次,研究不同的层次并形成了不同的语言文字。从语言与外部的关系来看,语言研究可分为心理语言学、社会语言学、神经语言学等。

心理语言学是研究语言活动中的心理过程的学科,它涉及人类个体如何掌握和运用语言系统,又如何在实际交往中使语言系统发挥作用的,以及为了掌握和运用这个系统应具有什么知识和能力。从信息加工的观点来看,心理语言学研究个体言语交往中的编码和译码过程。由于研究对象的特点,与许多学科有密切关系,除心理学和语言学外,还有信息论、人类学等,但在方法上,它主要采用实验心理学的方法。

心理语言学有两个主要的研究方向:行为主义的研究方向和认知心理学的研究方向。在 20 世纪 50 年代,心理语言学主要受行为主义心理学和描写主义语言学理论的影响,当时的心理语言学家用行为主义的观点来解释心理语言现象。他们认为言语行为和人的其他一切行为一样,也是对刺激的反应,是联想的形成、实现和改变,是借强化而获得的。这样,心理语言学的理论基本上是行为主义学习理论在言语活动中的具体表现。这个研究方向的代表人物是奥斯古德。他虽然不像斯金纳那样把意义排斥在语言现象之外,引用了中介过程来说明语言的意义,但他仍坚持认为行为主义的学习理论可以解释言语行为,其心理学研究方向受现代语言学理论的影响很大,特别是在乔姆斯基的生成转换语法产生和盛行之后,心理学对行为主义的语言学习理论的抨击增多,认为行为主义不能解释言语活动中的许多现象。

以米勒为代表的心理学家把生成转换语法运用到少理语言的研究中,认为人们掌握的不是语言的个别成分,如音素、词和句子,而是一套规则系统。因此,言语活动不是对刺激的反应,而是由规则的产生和行为的控制,它具有创造性。他们还认为心理语言学研究的重点不是人类各种语言的不同结构,而是存在于各种语言底层的普遍规则,研究这些普遍规则如何转化为某一种特殊的语言。这种研究方向在 20 世纪 60 年代后已成为心理语言学研究中的主要倾向。近年来,心理学家还用一些新的语言模式来研究心理语言问题,不过它们仍属于认知心理学的研究方向。

心理语言学研究的问题包括言语的知觉和理解、言语的产生、语言的获得、言语的神经生理机制、各种言语缺陷、言语和思维以及言语和情绪、个性的关系,等等。这些问题的解决对学习理论、思维理论、儿童心理发展理论的研究都会起很大的作用,它对工程心理、语言教学、言语缺陷的诊断和治疗、电子计算机的语言识别等人工智能的研究也都有应用价值。

社会语言学是 20 世纪 60 年代在美国首先兴起的一门边缘性学科。它主要是指运用语言学和社会学等学科的理论和方法,从不同的社会科学的角度去研究语言的社会本质和差异的一门学科。对这个定义,有一些不同的理解。有的学者认为,此研究应以语言为重点,联系社会因素的作用并研究语言的变异;有的学者认为研究重点是语言的社会学,研究语言和社会的各种关系,使用语言学的材料来描写和解释社会行为。布莱特认为社会语言学研究的是语言变异。研究内容涉及 7 个方面:说话者的社会身份、听话者的身份、会话场景、社会方言的历时与共时研究、平民语言学、语言变异程度、社会语言学的应用。他的视角涉及语境、语言的历时与共时。他的重点放在"语言变异",社会语言学本身也是以变异为立足点。

费希曼将社会语言学的研究范围分为宏观和微观两个方面:微观社会语言学以语言为出发点,研究社会方言和语言变异,考察社会因素对语言结构的影响;宏观社会语言学则以社会为出发点,研究语言在社区组织中的功能。费希曼将社会语言学二分为宏观和微观两方面,关注的是不同层面的研究对象。

海姆斯提出,社会语言学的重要研究目标有三项:(1)既有社会目标又有语言目标;(2)社会现实的语言学,意指拉博夫及其同事所从事的工作;(3)社会构成的语言学,旨在探究语言在使用中的范围广泛的理论。海姆斯特别强调社会语言学的目标应该具有广泛性、跨学科性和多学科性。

社会语言学现在已取得了一些明显的效果。随着 20 世纪 60 年代以后语言学家对语言异质性认识的加深,社会语言学又发展出交际民族志学、跨文化交际、交际语言学、语言社会化和语言习得、会话分析、语言变异研究等学派。

神经语言学研究产生、接收、分析和储存语言的神经机制,以及这一机制与语言的关系。人类很早就已注意到大脑与语言的关系:古埃及人曾经记录过由于脑部损伤而丧失语言功能的病症,也即现代所说的失语症。然而,真正科学意义的研究则是从 20 世纪后半叶开始的。1861 年,法国医生 P. 布罗卡发现大脑皮层的一个专门区域(在左半球额下回后部)与言语的生成有关,该区域的损伤会导致患者发音断断续续,或者虽然能说下去,但不能组成表示一定内容的话语。1874 年,德国生理学家 C. 维尔尼克发现,大脑皮层的另一个区域(在左半球颞叶后部)控制着言语的接收和理解,这个区域受损的患者无法理解别人所说的话,甚至完全不能分辨语音。上述两个皮层区域,后来被分别命名为布罗卡区和维尔尼克区。

自那时以来,有关语言的神经机制的研究已经取得一定成就。现代解剖学和生理学已积累了大量有关人脑结构的知识,但是,活的人脑究竟怎样起作用,仍是一个谜。困难在于,人们无法打开活的人脑来直接进行研究。现代神经语言学广泛运用的方法主要有两种:一是病理学的方法,即观察大脑损伤对语言功能的影响;二是电子生理学的方法,即通过生物电的测试来观察大脑在言语过程中的活动。研究的结果表明,成人的言语中枢只位于大脑皮层的一侧,这种现象称为"单侧化"或"半球优势"。言语中枢位于哪一个半球,与习惯用左手还是右手有一定的交叉联系:几乎所有主要用右手的人,其言语中枢都位于大脑左半球;用左手的人当中,60%—70%也是左半球占优势,其余的人则是右半球占优势。听觉器官与大脑两半球之间也存在着一定的交叉联系,左半球的语言优势决定右耳的听觉优势。在一个人的两耳侧同时放出两个不同的语声,首先被感知并记住的通常是右耳侧的语声。这是因为右耳听到的语声直接送到左半球即能做出语言"解码",而左耳听到的语声得先通过右半球,再转送到左半球进行分析,因为左耳偏向于感知非语言性的声音,如环境中的噪音、人的喜怒之声、音乐之声等。解剖学家发现,胎儿的大脑右半球略小于左半球。双耳听觉实验也证明新生儿的大脑左半球对言语刺激显示较强的生物电反应。左半球语言优势的形成,与遗传因素有关。环境因素和时间因素对于大脑两半球的定向分工也起着重要作用。儿童左半球的语言优势,是在学习语言的过程中,随着年龄的增长而逐渐建立起来的。初生婴儿的大脑右半球原来也有形成语言功能的生理基础,只是由于长时间只向一方面发展,使得右半球的语言能力受到了抑制。

失语症的研究可以澄清言语中枢的形成、大脑两半球的分工、语言功能的定位等一系列问题。由于大多数人的言语中枢位于左半球,因此,言语障碍通常是由左半球的损伤引起的。失语症治愈的可能性很大程度上取决于患者的年龄。一般说来,4岁以下的幼儿,如果左半球受到损坏,右半球也能够较顺利地发展起语言能力;但4岁以上至青春期的儿童若患了失语症,其语言能力就会退步到4岁时的水平,需要过一段时间才有希望恢复原有的语言能力。这说明,在年龄较小阶段,儿童的大脑右半球仍有取代左半球而形成言语中枢的可能。不过,有的学者指出,言语中枢能转移到右半球的儿童,学习词汇没有困难,但联词造句的能力会受到影响。

第二节　普遍语法理论

一、普遍语法的理论基础

20世纪80年代初,乔姆斯基和其他一些语言学家提出了普遍语法理论,也称为原则与参数理论。他们认为,普遍语法是人类所特有的语言知识体系,存在于正常人的大脑中。根据这一原则和参数体系,普遍语法包括一套普遍原则,利用这些原则,可以不断合成短语。普遍语法还含有一系列参数,这些参数可以帮助和指导普遍原则更好地操作。

诺姆·乔姆斯基的工作为研究语言提供了一种空前全面的体系,他利用了笛卡儿关于"固有结构"的思想、胡亚特关于人类智能创造性的思想、叶斯柏森关于"普遍语法"的思想、洪堡德关于"语言能力"的思想、Port Royal语法中的底层结构思想,借用传统语法的一些概念,针对行为主义的"白板说",提出了关于"固有结构"或"普遍语法"的学说。

乔姆斯基认为,普遍语法理论必须达到两条标准:On the one hand, it must be compatible with the diversity of existing(indeed, possible) grammars. At the same time. UG must be sufficiently constrained and restricted in the options it permits so as to account for the fact that each of these grammars develops in the mind on the basis of quite limited evidence. 这段话译为中文即是:"一方面,它必须囊括一切现存的(以及可能的)语法;另一方面,在其选择上又必须有所约束和限制,以便能够说明,只要接触少量的语言素材,每种语法都能在人脑中发展起来。"乔姆斯基认为,建立新的"普遍语法"理论应分四步走:第一步,准确地记述已得的语言材料,以便确定一种语言中声音与意义的关系。第二步,正确地订立两套规则,一套能"生成"各种深层结构和表层结构,并且把两者联系起来;另一套对深层结构予以"语义传译",对表层结构予以"语音传译"。第三步,阐明语言本质这个更有普遍性的问题,阐明普遍语法的本质。第四步,提供关于人类"内在心智结构"知识,说明一个小孩如何只凭一些已得的语言材料(即听到的话)学会一种语言。

(一)乔姆斯基理论的认知基础

乔姆斯基认为普遍语法是人脑初始状态与生俱来的生物属性,他试图解释语言学的柏拉图问题：人的语言知识是先天的还是后天的？是遗传的还是社会的？为什么幼儿能在语言经验和智力几乎是空白的条件下，在极短的时间内自然获得其所在语言的基本语法规则？乔姆斯基认为，幼儿在胚胎阶段其大脑就已具备遗传的人类属性，包括能够使其在后天环境中学会人类语言的生物属性，语言能力的获得是人脑固有属性与后天经验共同作用的结果。乔氏从整体上把人类语言的语法理解为一个抽象、精确和生物性的、具有普遍意义的理想体系，是基于相同语言官能特征的普适性语言方案和原则，并认为该语法决定着所有语言结构的认知法则，语言研究的对象应该限定在语言学意义上的人脑语言习得的初始状态，而非从该状态成长和发展而来的、作为个别环境中特定产物的稳定样态，应着眼于对各种具体限制条件的研究以发现语言结构的规律。

(二)乔姆斯基理论的哲学认识论基础

唯理论是其语言天赋论萌芽的土壤：乔姆斯基承认自己语言哲学观的唯理主义色彩，承认其认知科学的方法主要是康德的先验论，其语言观属于笛卡儿的哲学传统和理论框架。笛卡儿(包括柏拉图和康德)等主要唯理论哲学家的思想(如"固有结构"思想)和洪堡特关于语言创造性、普遍性、语言形式和内部官能等的观点直接构成了乔氏语言学理论唯理主义的哲学源头和基础。另一重大哲学渊源是皮尔士(C. S. Peirce)的一般知识获得理论。乔氏承认受到了皮尔士溯因逻辑思想和猜测本能说的直接影响，还接受了胡亚特关于人的智能创造性的思想、叶斯柏森"普遍语法"的思想、fort Royal语法底层结构思想等的影响。其语言天生论思想可以追溯到柏拉图以及斯宾诺莎和莱布尼茨等。

UG研究是唯理论在语言学上的回潮，掀起了"对一些相当古老的哲学问题"的讨论，从根本上说就是认识论的讨论。唯理论认为"知识系统的一般形式作为一种心理倾向已事先确定，经验的功能只是促进这种一般图式结构的实现以及更充分地区分开来"：唯理论者割裂感性和理性认识，强调只有通过理性才能认识事物的本质，理性是认识真理的标准。乔氏接受"神秘事物"说，认为诸如语言知识在实践中的使用方式等问题是人类智力永不可及的"神秘事物"。他推崇"天赋观念"和"演绎推理"，忽视感性认识和事实归纳，将Competence和Performance割裂和对立起来，把前者贴上"天赋"和"理性"的标签。他继承唯理论者对知识普遍性和精确性的追求，以高度概括和抽象的形式化手段来精确而简明地描写和解释普遍语法。乔氏既接受传统语法的某些概念，又反对行为主义的"白板说"。关于语言心智说和语言能力天赋说，他同意笛卡儿的物质—心理二分说，但反对两者相互独立说，没有把语言习得机制溯因到万能的上帝那里去，而认为心理依赖物质。LAD 是生物进化的结果，应归因于特定的人脑神经组织原则。LAD 假设的人脑物质遗传基础为其学说赢得了科学唯心主义的标签。他强调普遍语法先验式的存在，又承认语言能力的发展要靠后天经验的"触发"和"激活"，将先天的原则系统和后天的语言经验联系起来，有效地摆脱了唯心主义的二元论，应该说，生成学派扬弃地继承了传统唯理主义中的合理成分，是认识和解释语言本质以及人的本质的一条合理路径。

二、普遍语法理论的主要内容

（一）原则与参数

乔姆斯基语言理论具体体现在原则——参数理论的几个模型里，主要有：20 世纪 50 年代的句法结构模型 SS（Syntac—tic Structure），60 年代的标准理论模型 ST（Stanlord Theory），70 年代的扩展标准理论模型 EST（Extended Standard Theory），80 年代的管约论模型 GB（Government and Binding）和 90 年代后的最简方案模型 MP（Minimalist Programme）。

乔姆斯基断言，人类先天就具备了学习某些种类语言的能力，即语言习得机制。人类之所以能够习得语言，是因为具有一个丰富而有效的普遍语法的体系，作为智能/脑子的一种天然特征。儿童仅接触实际素材，在这些素材的基础上，儿童的智能/脑子构成一种规则系统，儿童能够说出新的语句并能理解从未听到过的，也可能在语言史上从未出现过的语句。实际上，儿童所做的是一种"理论建设"工作。语言学家从"外部"研究语言，远远未能理解特殊语言的规则和原则，但是一个儿童却不需要任何特殊努力，甚至还不曾意识到，而且是在有限的素材的基础之上，便能创造出一套类似这类规则和原则的东西来，这是因为儿童的智能/脑子里天生具有构成这种适当形式的理论设计能力，这种初始设计是极其丰富而又错综复杂的，足以使智能/脑子能够形成一套具有高度表达能力而且精妙复杂的系统，这套系统作为语言知识和语言运用的构成基础。因为我们每个人都分享这种初始设计，所以，我们就能生活在这样一个具有共同经验的世界上，共同享有丰富的知识和理解的体系，这一体系远远超过当我们认识系统。成长时获得的零星散乱,而且常常是变化了的素材。为了说明这种机制是如何影响婴幼儿对母语的获得过程,乔姆斯于1988年提出了一个基于普遍语法的语言获得模型。在此模型中,婴幼儿对母语的获得过程被描述为"普遍语法"(UG)且有确定的参数,这些参数可通过经验以某种方式固定下来。我们可以把语言能力看成一个错综复杂的网络,该网络与一个包含开关矩阵的开关盒相连接,这些开关可以在两种状态之间转换,在系统运行之前,必须先对开关进行设置;一旦这些开关设置成某种允许的工作方式,系统就按其自身的性质工作。不过,取决于开关设置方式的不同,系统的功能也有所不同。这个固定的网络就是普遍语法的原理系统,开关值就是由经验所确定的参数,正在学习语言的儿童呈现的数据必须满足以某种形式设置开关的需要。开关设置以后,儿童就掌握了一种特定的语言,并了解该语言的事实——确定的表达具有确定的意义。这样,语言学习就是确定普遍语法中待定参数值的过程,就是确定网络运行所需开关值的过程。除此以外,语言学习者还必须发现语言的词汇项及其特性。语言学习并不是儿童实际在做什么事情,而是处于某种适宜环境中的儿童发生了什么事情,就像儿童的身体在适宜的环境刺激和营养条件下,按预定的方式生长和成熟一样。根据乔姆斯基的观点,儿童获得语言的过程实际上是在掌握一系列规则,即普遍语法体系,其中最关键的东西是参数的确定,这就是所有儿童都能在较短时间内快速掌握各自母语的根本原因。乔姆斯基主要从以下几个方面来证明人类天生具有语言习得机制:

第一,人类语言确实表现出许多显著的相似之处,例如:

(1)The man that I saw was your brother.(英语)

我看见的那个人是你的弟弟。

(2)L'homme gue j'ai vuetait ton frere.(法语)

我看见的那个人是你的弟弟。

(3)The man that I saw him was your brother.

(由希伯来语翻译而成的英语)

我看见的那个人是你的弟弟。

从以上例句中我们可以看出,英语、法语和希伯来语构成关系从句的方法相似,其实,许多毫不相干的语言的构成关系从句的方法也大致相似。

从以上例句中我们可以看出,英语和法语构成疑问句的方法也非常相似,所以我们有理由相信疑问句和关系从句以及其他的语言形式是受到语言习得机制支配的,那么,语言之间的相似之处就可以追溯到学习并使用有关语言的人的天赋语言资质上。

第二,儿童习得语言的过程也有引人注目的类似之处:

例如,学习英语的儿童都要经过创造下列双词句的阶段:

(1)Daddy gone.

爸爸走了。

(2)Susie shoe.

苏西的鞋。

(3)Mummy play.

妈妈来玩。

儿童构成否定句的最初阶段,只在句首放一个 no 或 not:

(1)No Daddy come.

爸爸没有回来。

(2)Not Susie shoe.

不是苏西的鞋。

(3)No Mummy play.

妈妈不在玩。

之后,他们又把 not 放在句中动词之前:

(1)Daddy not come.

爸爸没有回来。

(2)Mummy not play.

妈妈不在玩。

最后,他们终于全面掌握了复杂的英语动词系统,应用正确的句子。

(1)Daddy didn't /hasn't/won't come .

爸爸没有/还没有/不回来。

(2)Mummy didn't /hasn't/won't play.

妈妈没有/还没有/不玩。

儿童在成长过程中所犯的相似的错误是不可能从周围的语言环境中直接模仿而来的,成人是不会说这些不符合语法的句子的。儿童语言发展所遵循的某些模式是生前就决定了的,这个假设可以解释一切正常儿童所表现出的十分相似的语言发展阶段。

第三,会思维、会说话是人类一种天生的属性。狼孩不会说话是因为没有正常的语言环境;狗和猫在正常的语言环境中不会说话是因为缺乏内因,即UG。而"白板说"则认为,一个人的语言知识是白板状的大脑并按照"模仿—记忆"或"刺激—反应"的公式对经验中语言材料的储存和记录,而一个人的语言能力则是白板状的大脑经过"学习""训练"形成的结果。"白板说"无法解释狼孩不会说话与狗和猫不会说话之间的区别。人会思考、会说话,而动物不会思考、不会说话也证明人类先天具备一种经验以前的种属属性——UG。

第四,语言是句子的无限集合。这个公理是乔姆斯基全部语言理论中一个最重要的支撑点,由此推断出语言的创造性和语法的生成性:一个人不可能学完所有的句子,但是一个人可以说出别人不曾说过的句子,听懂不曾听过的句子。"白板说"理论是无法解释这种现象的,因为一个人不可能用"模仿—记忆"或"刺激—反应"的公式来"学习"和"训练"无限多的句子,因此,我们有理由说人类先天具备一种经验以前的种属属性——UG。当然,有一部分语言知识和能力是靠训练和学习获得的,而另外一些则是固有的。

(二)规则系统和原则系统

普遍语法包括规则系统和原则系统两大部分。规则系统包括三个基本部分:词库、语法、解释部分。原则系统主要包括六个部分:主位理论、格理论、约束理论、界限理论、控制理论、支配理论。

三、语言、语法与普遍语法

(一)普遍语法与个别语法

"普遍语法"是一个原则系统,它规定个别语法如何组成,这些组成部分的种种规则如何建立,它们又如何相互作用来刻画各类可能语法的特性。个别语法包括改写规则、转换规则、词汇规则、语义解释和音位解释规则。

UG 代表人脑在经验以前的初始状态,在经验的作用下,经过一系列状态的变化,最后形成了 PG 的状态,即普遍语法。

UG 最后表达为某一种个别语法 PG。

(二)语言、语法与普遍语法

乔姆斯基认为,"语法"不是描写"语言行为",而是描写"语言能力"。语言行为指的是人们说出的话语,语言能力指的是控制人们的语言行为的直觉。"语法"不是收集和总结人们说出、写出的语句的直接结果,而是由此结果得出的某些推论:"想建立一种直接描写观察得到的言语行为的语法是荒唐的。"

《论形式与功能的表达》一文中是这样论述语言、语法与普遍语法的:存在于人的心智/人脑的语法是实在的,它是现实世界中的实在事物。而语言不是这样的,无须考虑"语言"这个概念的定义是否完善,人们可以把它随意加以定义。可是,语法是一个实在的事物,只能是它该是的那样,是事实上表达心智/人脑中的规则系统,或多或少以相同的方式存在于我们认为是"说一种任定语言的人"的个体之中——我们完全可以把语法,譬如说,把英语语法看成指派给每一个可能的声音以一种结构描写。"语法"和"普遍语法"这两个术语随着重点从语言转向语法,与传统用法有所不同。普遍语法可以认为是某种原则系统,是人类共有的,而且是每一个个体先于经验获得的。它决定了这种经验以及在稳定状态发展起来的个别语法的基本性质,也就是说,它决定了所达到的知识状态的基本性质。普遍语法的原则可以部分地看作一种参与确立经验的系统,部分地看作把经验映射为语法的一种功能、一个系统,当赋予这些原则,给以合适的经验时,将发展一种具有人类语言特性的具体的个别语法。正如人的视觉系统一样,是在早期环境的影响条件下,发展到一个相对稳定状态的。缺乏这些原则,系统就不会发展语法,或者就会发展成为别的系统。如果我们不考虑可存在的个体差异,认为存在一个可称为 s 的固定心智的初始态,它构成人的语言器官,是我们共同的生物禀赋的一部分,这与决定我们具有人类的视觉系统而不是昆虫的视觉系统,决定我们长出胳膊而不是长出翅膀来的那些因素是一样的。在幼年时期,在正常条件下,s 逐渐改变以至完善,直至到达稳定态。语言是这个稳定态的描述。由于语言是千差万别、多种多样的,因此,普遍语法必须在结构上足够丰富,以便实现从 s 向一个不以任何简单方式模仿经验的、完全特定的稳定态转变,而且在结构上又充分开放,容许可能的人类语言的多样性。

四、普遍语法研究的基本方法

结构主义学派认为理论必须建立在可观察到的语料上,并只能以此来证实或证伪某理论。它重视语言形式分析,主要使用归纳法对语言结构进行清单式的描写,方法多样,追求细致、深入、详尽。在乔氏看来,描写语法所描写的语言现象只是抽象意义上人类语言的体现。他从归纳法的语言描写不完整性、发现程序的单向性和分类法的目的低层次性三方面批评结构主义研究,提出新的研究的目的和对象。语言结构受制于人脑结构及其工作机制,研究语言结构便可推导出人类自身作为语言使用者的某些特性,乔氏的语言哲学观决定了其科研方法主要是基于内省和逻辑思辨的演绎法。学者们企图通过对一两门自然语言作细致入微的观察和精细分析、描述、归纳以及抽象概括,进而进行缜密的内省式逻辑推理,挖掘存在于所有自然语言深层结构中的共有形式,发现人类普遍语法。科学方法的核心是"假设演绎法",通过演绎和心理试验法进行验证以建立语法规则系统,这也算是自然主义的科学方法。乔氏追求科学理论的精确简明,不在意是否获得程序;他寻求人类语言表象背后的心理机制和过程,这些也都无可指责,但生成学派相信语言形式化表述的可能性,坚持使用纯形式化手段描写语言结构。通过数学和逻辑推理以及凭语感(语言直觉)提出语言理论模型并研究语言素材,这引发出不少争议。语言现象在很大程度上的确可以形式化表述,但是,抛开语言实际使用情形而仅靠内省和语感来生造句子和判断其合法性,显然流于理想化,其标准有失客观公正,毕竟语感因人而异,学者们的判断往往在语言使用者那里得不到一致认同,即使是其内部也不能达成一致意见。人类当前认知的主要方法还是从个别到一般、从归纳到概括再到演绎和验证、修正的循环往复,结论在科学缜密的研究方法、步骤过程中经过足够多的试验并得到验证后才最终被接受成为知识,虽然这种知识仍然还有可能再经过进一步验证和修正;一个先入为主的演绎式语言理论研究,在纷繁复杂的自然语言事实面前不得不经过无数次修正,这是显而易见的布局。

第三节　语言学习理论

一、学习语言和习得语言

近年来,对于人们如何成为语言运用者的研究主要集中在区别学习语言和习得语言这两个概念上。Krashen 认为习得与学习是两种不同的语言发展方式,它们在获得与贮存等方面存在着很大的差别,具体表现为:习得是在自然运用语言的过程中发生的,是一种潜意识的、直觉的过程;学习是在有意识地学习语言形式特征时发生的,是一个有意识的过程。习得的知识存贮在大脑左半球的语言区,它用于语言的自动加工;学习的知识本质上是一种元语言的知识,它也储存在大脑左半球,但不一定在语言区,它只能用于有意识的语言加工。习得的知识是语言理解和产生的基础;学习的知识只能起到监控的作用,即它只具有判断语言输出是否正确的监控价值。通过习得,学习者可以获得语言知识和语言能力;通过学习,学习者只能获得有关语言规则的知识。Krashen 认为,学习的知识不能转化为习得的知识;前者只是"懂得"语言,是有意识地学习语言;后者的特征是潜意识的习得语言。习得语言要比学习语言更扎实更持久。

Krashen 提出了输入假设。早些年叫做"监控模型"、"习得—学习假设",近年来人们多用"输入假设"泛指一系列有内在联系的假设。Krashen 强调语言输入,指出第二语言的学习依赖于一种可理解性的输入。这种可理解性的语言输入应该略高于学习者目前的水平,如果学习者目前语言水平为 i,那么提供的语言输入应该为 i + 1。也就是说,语言输入既要超出学习者现有的语言水平,具有一定的挑战性,又不至于太难,让学习者不知所措。当学习者接触到语言材料时,他们将注意力集中于对意义或信息的理解而不是对形式的理解时,才会产生习得。Krashen 提出的输入假设比较全面地解释了第二语言学习过程,然而,它也有不足之处,受到了批评和质疑。首先,人们对 Krashen 区分习得的无意识过程与学习的有意识过程提出了质疑。心理学研究表明,所有的对新内容的长时性的学习和保持都要有意识的参与,因此,习得与学习都应该是不同程度的、有意识的过程。其次,人们认为 Krasher 提出学习的知识不能转化为习得的知识是不符合实际的。Gregg 等人的研究证明,学习的知识通过练习能够被自动的通达,因此可以转化为习得性的知识。再者,Krashen 指出"可理解性输入是第二语言习得中唯一起作用的变量"。该论点夸大了语言输入的作用,忽略了二语习得中其他因素的作用。例如,学习者的认知、情感等因素在学习中的作用。

二、人本主义语言学习理论

目前,人本主义语言学习理论在语言教学中受到越来越广泛的重视。人本主义语言学习理论认为,语言教学不仅是教语言,而且是帮助学生得到自身的发展。

以学生为本(主体),即学生是学习的主体,教师总是调动学生主动学习,启发他们的思维,激发他们的学习兴趣,引导学生逐步解决问题。根据以人为本的语言学习理论,教学研究者不仅关注语言教学,而且更加关注培养学生自主学习的能力。如学生可以靠自己获得大量资料,自己决定学什么、怎样学才能达到最佳学习效果,从而逐步提高学生独立学习的效率。人们在逐渐摒弃传统的教学方法,教师不再大量地传授语言知识,课堂不再以教师讲解为主,而是让学生在教师的指导下自主进行课堂学习,完成各种学习任务,如课后练习、读书报告、社会调查、写作等学习任务。

(一)对传统英语教学法的挑战

传统的英语教学法主要采用的是"语法翻译法",即直接法。它以教师在课堂上讲授作为整个教学活动的中心,只是把英语当作一门知识来对待,教师负责知识的传授,学生只管知识的接受。在教与学的全过程中,教师掌握一切,学生被动地接受知识,只是成为语言知识的消极接受者,这种英语教学方法存在严重的弊端:

1. 以教师为中心的英语教学法违背了英语学习的基本规律性,很难达到培养学生听、说、读、写、译各项技能的目的。英语是一种语言,语言是人们进行沟通的工具。它跟其他人类沟通一样是一种技能。因此,外语学习的首要任务是"学",而不是"教";学生的首要任务是"练",而不是"背"。正如有的学者所说:"The teacher can help, advise and teach, but only the learners can learn"(教员能帮助、辅导和讲授,但只有学员才能学)。

2. 以教师为中心的英语教学法抹杀了学生英语学习的主观能动性,进而压抑了学生学习英语的兴趣。以教师为中心的英语教学法属于落后的中国"填鸭式"传统教育。在这样的教学模式中,学生的任务就是"背书",学习这一人生第一乐趣就会变得十分枯燥无味。如果说一个学生在中学时厌烦这样的英语教学模式,但面对高考的压力不得不背的话,那么当他在大学英语学习中,面对的是同样方式时,其学习积极性必定大大削弱,尤其是英语基础相对差的学生。

3. 以教师为中心的英语教学法往往无法让学生掌握英语的真谛。传统教学法只是把英语当作一门知识来传授,学生所得的语言真谛通常就是依英语语法将一个个单词组成句子,再由这样的句子组成语言,讲出来就是一席报告,写出来就成一篇文章。这种使用语法加词汇学英语培养出来的学生,讲出来的话,写出来的文章往往不是原本的英语,而是语法式的英语。虽然语法上都没错,但以英语为母语的人基本上都要费点力气才能明白其意思。如此自然难以使学生所学的英语能真正符合社会实践的要求,达到学以致用。

（二）"以学生为本"英语教学法的指导思想和教学原则

"以学生为中心"的英语教学法的指导思想是：英语教学活动要以学生为中心，以满足学生在知识上、感情上、智力上、能力上提高的需求为目标，充分调动学生在英语学习全过程中的积极性和主观能动性，在不断语言实践中提高学生掌握和应用英语这一沟通工具的能力和熟练程度。在以学生为中心的英语教学环节中学生处于第一位置，教师处于次要位置。实施"以学生为中心"的英语教学法教学工作重点是如何最大限度地发挥学生在学习过程中的主动性。因此其教学原则为：设计环节，创造氛围；积极引导，鼓励参与；自我学习，自我完善；学为用，用中学；要鼓励学生进行语言综合应用能力的培养；要注重学生自学能力的培养，设计出多种多样适合培养学生听、说、读、写、译各项技能的教学内容、方式、场景、机会，包括各种课内外的活动。在教师的指导下对学生主动地进行使用英语能力的全面训练。在"以学生为中心"的英语教学法中，教师仍应充分发挥其在教与学环节中的主导作用，教师在整个教学过程中应充分调动学生的积极性，有效地组织起"以学生为中心"的生动活泼的课堂教学活动，及时发现他们的困难，为学生排忧解难，成为他们学习的引路人。在教学过程中，教师的指导作用贯穿于各项语言活动的始终，能帮助学生更好地掌握语言知识，运用语言知识，更好地掌握听、说、读、写、译各项基本技能。

（三）"以学生为本"英语教学法的具体实施

1. 英语口语课教学的实施

"以学生为中心"的口语课堂，应该成为学生用英语来表演的舞台，成为学生用英语"谈天"、"辩论"的场所。这就需要教师充分利用教材的各项口语教学内容，来引导学生开口。英语教材中所设计的日语训练题材丰富、内容广泛，而我们的学生虽然大多处于兴奋想开口的心理状态，但又不知如何开口，羞于开口。这时需要教师采用轻松、多样的教学组织方式来营造轻松、愉快、和谐的课堂气氛，使学生融入谈天说地的舞台中。教师还应在备课时充分、周密地准备与课题有关的、丰富的口语会话材料，来帮助学生完成各种以"学生为中心"的口语学习，有助于激发学生说英语的兴趣，同时也需要教师更充分、更认真地备课，及时发现学生的进步、学生的不足，尽可能用积极肯定的语言对学生出现的问题进行指导帮助，以达到训练之目的。

2.英语精读课教学的实施

在英语学习的过程中,应该是学生学习语言,而不应该仅仅是教师讲授语法。因此,教师在引导学生进行精读教学时,仍然要坚持"以学生为中心"的基本原则,保证让学生成为积极主动的知识吸收者,而不是被动消极的语言录音机。传统的课文阅读活动是靠教师的讲授来完成的,现在,教师可以引导学生带着发现问题的任务在一定时间内读完课文,并自行讲解所发现的语法点、语言点。阅读文章前,教师首先应该要求学生预习生词,然后,在课堂上限定学生在一定时间内读完课文。因为阅读时带有目的性,并有时间限制,学生的阅读速度就会提高,阅读理解的效果也较以前跟着教师的讲解来阅读文章效果好得多;教师在学生通读完文章后,还应该让学生分组讨论所发现的问题,自行讲解,针对学生没有发现的问题,要采用启发、提问、适当讲解等不同方法来帮助学生充分理解课文。当然,针对学生在自行讲解过程中出现的问题,教师要及时帮助纠正,要引导学生全面地理解课文,必要时教师应给予必要的讲解。如有些十分重要的语言点和语法现象,教师除了解释外,还要让学生仿照课文反复举例,并留相应的课后作业,努力使学生达到对课文的语言现象较扎实的、深刻的理解。

"以学生为中心"的英语教学方法较之传统的英语教学方法更具优越性。它使学生贴近了英语,真正做了学习的主人,可以把自己之所思、所想运用到听、说、读、写的各项语言活动中,学会了用英语去思考、去听、去译的本领,他们的学习积极性和主动性都大大增强,学习效果明显提高。在实施"以学生为中心"的英语教学法中,教师应该根据教材和学生的不同特点,灵活地处理教与学的关系。因学生的英语水平参差不齐,对英语学习的主动性和积极性也有很大差别,教师只有针对这两方面的不同特点因材施教,围绕"以学生为中心"的教学原则,采取灵活多样的教学方式,突出重点,大胆处理教材,才能解决教学中遇到的实际问题,更好地培养学生对英语语言的综合应用能力。

三、信息加工理论

(一)McLaughlin 的信息加工理论

信息加工模式是由 McLaughlin 提出来的。McLaughlin 大量地借鉴了认知心理学中有关信息加工的研究,采用控制加工和自动加工等概念来解释第二语言的学习。由于任务本身的性质和信息加工能力的限制,学习者每次只能处理有限的信息。为了最大限度地拓展信息加工能力,学习者需要将某一技能常规化、自动化。信息加工模型主要有以下内容:第二语言学习者在学习的初始阶段,采用控制加工。控制加工过程时间短暂、处理信息容量有限。在这一过程中,学习包括短暂激活—记忆中选择出来的信息节点,这时学习者需要使用较大的注意资源处理信息。随着不断的练习,控制的加工转变成自动的加工,这时自动化的技能序列被储存在长时记忆中,外界需要提取它们时,人们无须注意参与,很容易就能将它们提取出来。McLaughlin 认为,人们一旦获得这种自动化的技能,这种技能就很难消失或被改变。第二语言的学习就是要通过不断的练习,使语言认知控制加工变为自动加工,使语言知识转化为语言技能。McLaughlin 的信息加工模式强调第二语言的学习是一种认知技能的学习,强调内部知识表征的加工操作对语言学习的影响。虽然 McLaughlin 的信息加工模式为解释二语学习过程提供了一定的理论依据,但仍然存在着一些不足:McLaughlin 在模型中强调练习的作用,但并未界定练习的意义。因此,人们不清楚练习是指在正常交流中使用语言的机会,还是在设计好了的练习和训练中操练某些特定的句型或语言规则。

(二)以信息加工理论为基础的学习模式

1. 信息加工模式

在现代心理学中,认知是指认识的过程以及对认识过程的分析。用信息加工理论的语言来说,就是汲取信息、贮存信息、运算信息和使用信息的过程。认知信息加工理论认为,人类的认知系统可被视作符号运算系统,人类的某些观念可以用符号来代表,而且,这些符号可以通过确定的符号运算过程进行有意义的转换。根据这一理论,人们最典型的学习过程模式即信息加工模式,具体内容如下。

人们的学习过程,来自学习者的环境中的刺激作用于他的感受器,并通过感觉登记器进入神经系统。信息最初在感觉登记器中进行编码,最初的刺激以映像的形式保持在感觉登记器里,由于存在的注意或选择性知觉的不同,只有部分信息被保持,其余部分很快就消失了。被感觉登记的信息,便进入短时记忆,信息在短时记忆中保持的时间只有 2.5—20 秒。短时记忆的能力是有限的,一般认为短时记忆容量为 7 ± 2 组块。经过复述、精细加工和组织编码等,信息被转移到长时记忆中进行贮存。从短时记忆或长时记忆中检索出来的信息通过反应发生器,经反应发生器的信息转换,可使效应器活动起来,产生一个影响学习者环境的操作行为。在这个信息加工过程中,一组很重要的结构就是图上的"执行控制"和"期望"这两个部分。"执行控制"即已有的经验对现在学习过程的影响。"期望"即动机系统对学习过程的影响,整个学习过程都是在这两个结构的作用下进行的。

2.信息加工理论对英语教学的启示

(1)要重视唤起学生的"注意"

根据信息加工的理论,在感觉登记器中,只有被"注意"的信息才能进入短时记忆系统,因而,凡是能促进知觉和注意的方法,都能促进学生的学习记忆。因此,在教学过程中必须明确学习目标和任务,突出重点和难点。注意的能量是有限的,感觉登记器中摄入大量的语言信息不可能同时被注意,这需要选择性的注意:教师在教学过程中,应使学生明确学习目标和任务,留心教学的重点和难点,这些重要的语言信息在感觉登记器中消失之前就能受到"注意"。其次,因为学生的注意发生与保持,是以良好的情绪状态和兴趣为条件的。如教师在上课前讲解与课文有关的小故事引起学生的兴趣,吸引学生的注意;也可以用生动形象的直观教具来唤起学生的直接兴趣的情绪反应。

(2)增大短时记忆的信息含量

讲课要有节奏感,要让学生有复述的机会,经过复述、精细加工和组织编码等使短时记忆的信息得以保持并转入长时记忆系统。为此就必须引导学生运用复述策略:复述有保持性复述和整体性复述两种。保持性复述让学生反复对生词朗读,理解例句等;整体性复述是对短时记忆中的信息进行组织编码,如在学习完一遍课文以后让学生复述课文学生必须把学过的语言知识在理解的基础上提取出来,然后进行组织加工,组织后形成的新知识结构就会顺利转入长时记忆并得到有效贮存。这就是要求教学要保持适当的速度,让学生有复述的机会短时记忆的能量是有限的,一般正常的人记忆的容量为 7 ± 2 个组块,超过这个数量时,短时记忆里原来的信息就会被新的信息挤掉。为此提高组块水平,优化组块方式,是提高短时记忆质量的首要条件。

(3)使知识结构化,并经常加以复习和运用

在外语学习中,许多人首先学习的是语言知识。知识要长时地得以贮存,仅靠复述是不够的,必须进行精细加工。一是双重编码,二是靠建立知

识结构与知识网络。双重编码就是对语言知识(信息)同时赋以语义和形象编码。比如讲解课文时,教师可以从逻辑意义上让学生理解课文,还可以让学生观看有关录像、电影来加深印象,这样,才能提高加工水平,促进信息的有效贮存;并帮助学生形成新旧知识之间的关系网络,新知识只有被纳入学生已有的知识网络中,才便于长时保存和记忆,网络组织得越好,越有利于同化新知识,也就越利于保存知识。

(4)运用语言知识解决实际问题,最终达到促进知识迁移的目的。记忆的关键不在于贮存多少信息而在于提取出多少信息。贮存在长时记忆中的语言知识,必须提取并转入短时记忆不断加以运用,才能长时保持。因此,教师应鼓励学生在日常生活中经常运用自己的已学知识,如在旅游旺季给外国人当导游、假期做家教等这样经常运用知识解决实际问题,可促进知识的迁移,并同化新的知识。

第四节 教学方法

一、对比分析教学法

在大学英语教学过程中我们发现,学生们虽已在初中和高中学了至少6年的英语,但在与英语本族人交流时,仍感到非常困难,而主要困难之一就是母语对外语的干扰。在出现的错误中,有许多是由于母语和目的语有分歧而产生的,因为他们倾向于把本族的语言、文化中的形式、意义以及两者的分布形势转移到外族的语言中去,而且学生在接触外语时会感到其中一些内容容易学,有些则难学;与本族语言相通的方面,他们觉得简单些,不同的就困难。

(一)什么是对比分析

对比分析是把两种或更多的语言(或方言)进行比较。也有人把它叫对比语言学,它是揭示语言之间的一致性和分歧性,尤其是分歧性的一个研究体系。通过语言对比能够大致推断出学生会在什么范围内出错,在发现错误后还能帮助我们说明产生错误的部分原因。

(二)对比分析的实际应用

如上所述,语言对比分析有各种各样的模式,即有各种各样的做法。但从实际效果来看,结构主义模式简单易懂,非常适合于我国的外语教学,因而被广大外语教材编写者和外语教师所采用。本文拟用对比分析中结构主义做法,对英语和汉语在语法范畴内学生容易出错、英汉语法差异较大的几个方面略谈一下自己的浅见。

1.英汉被动语态比较

(1)英语和汉语都存在语态的变化,都有主动语态和被动语态。主动语态用于主动句,表示主语是动作的执行者;被动语态用于被动句,表示主语是动作的承受者。但是英汉的被动语态形式是不同的。英语动态词的被动语态是由 be + ed 分词构成;汉语则无词形变化,被动语态只能通过一定的词汇手段来表示,比较明显的标志是在动词或动作执行者之前加上"被"、"受"、"由"、"为……所"、"靠"等词。

例如:

John was elected monitor. 约翰被选为班长

This young worker should be praised in the whole factory. 这位青年受到全厂的表扬

The plan is going to be examined first by the research group. 计划将先由研究小组加以检查

Radios of the old type are being replaced by new ones.

老式收音机为新式收音机所代替

(2)英语中能以主动语态表示被动意义,而汉语中这种情况更为常见。因此,当英语中出现这种情况时,汉语能以相应的形式来表示,故学生掌握起来也比较容易,不易出错。例如:

Mind your hat, it will blow into the river. 当心你的帽子吹到河里

反之,若汉语中出现这种情况时,英语未必都可以用相应的方式来表示,这往往要求采用被动语态。这一点则常常是中国学生在学习时容易忽略的一个重要问题。例如:

这个问题明天上午讨论吗? Will the question be discussed tomorrow morning?

你的来信已收到。Your letter has been received.

不少中国学生在翻译上述句子时,容易使用主动语态,造成以下错误:

Will the question discuss tomorrow morning?

（3）汉语中存在一类不出现主语的主动语态句子，这在英语中一般可以用被动结构来表示。例如：

①经过认真的讨论才得出结论

It was after a serious discussion that a conclusion was arrived at.

②首先要保证质量

Quality must be guaranteed first.

对一这类句子，中国学生习惯于想当然地按汉语语言习惯，加上人物主语，如把例①译成"It was after a serious discussion that a conclusion was arrived at a conclusion."

把例②译成"We must guarantee quality first."这样就不能表达出说话人的真实意思。

另外，汉语中存在一些措辞婉转的习语，或故意避免用主语，或用"有人"、"大家"之类泛指的主语这些在英语表达时，一般可以采用 it 作形式主语的被动结构。例如：

有人建议会议推迟到下一星期举行

It is suggested that the meeting be put off till next Monday.

而不少中国学生却习惯译成：Someone suggested that the meeting he put off till next Monday.

这样虽然从语法角度来看也不算错句，但却改变了说话者的真实意图。说话者显然要避免提主语，如果主语用 someone，就易强调成说话者特指"某个人"。类似的表达还有：据说（It is said that）、据推测说（It is supposed that）、由此可以看出（It will be seen that）、众所周知（It is well known）、有人相信（It is believed that）、有人主张（It is asserted that）等等：

如果中国学生在学习被动语态时，了解了英汉被动语态的这些差异，就可以有意识地避免汉语母语的干扰，避免犯一些常见的错误。

2.英汉否定结构的对比

英语和汉语一样，在表达形式上除了有肯定形式外，还有否定形式。然而这两种语言用来表达否定概念的词汇、语法，甚至语言逻辑有很大差别，因此教师在授课时应更加注意。

汉语中表示否定的词让主要有"不"、"没（有）"、"勿"、"不必"、"不用"等，一般用在动词前作状语，"没有"亦可用在名次前作谓语例如：

我不去（副词，作状语）

没有（没）见过这么好的军队（副词，作状语）

你没有（没）笔吗？（动词，作谓语）

但是在英语中表达否定的词最普遍的是 not（副词），它一般放在助动词后。此外还有 no（形容词），它有时放在名词或代词前；除此之外还有 nothing，nobody，none，neither（不定代词）和 nowhere，never 副词），以及含有否定意义的代词和副词，如 few，little，less，hardly，scarcely，barely，seldom，rarely 等；另外还有表示否定意义的短语，如 too to（太……而不……）、free from（没有）、fail to（不能），instead of（而不是）、far from（完全不）、in the absence of（没有…时）等。所以，相对汉语来说，英语的否定形式是相当复杂的，它是中国学生学习英语感觉较难掌握、容易出错的一个方面。本文将从以下三个方面进行探讨。

（1）英语的否定前置

在表达①"你大概没见过我的妻子吧！"和②"我认为她不在家，不过我还是要去看看。"这两个句子时，中国学生的典型错误是：①I think you have not met my wife. ②I believe she isn't at home but I'll go and see. 而在英语中，当 think，believe，suppose，imagine 这一类动词用来引导一个否定概念时，通常把引导动词变成否定。因此上述两个例句，正确的译法应当是①I don't think you have met my wife. ②I don't believe she's at home, but I'll go and see.

（2）英语和汉语中的部分否定比较

汉语中表示部分否定如"不是所有都"、"不是每个都"、"不是两个都"、"不总是"，否定词往往放在表示全部意义的词之前，相当于英语中的 not all，not every，not both，not always，然而在英语中否定词 not 往往与谓语放在一起，构成谓语否定，其形式很像全部否定，但实际意义上却是部分否定，这一点值得我们中国学生特别注意。例如：

并非所有矿物都来自矿山。

All minerals do not come from mines.

不是每个题目都同样处理。

Every subject is not treated in the same way.

（3）否定语气的改变

在英语中还有些句子虽然表面形式上是否定句，但表达的却是肯定意

思,这一点跟汉语有着明显差异。试看下面的例子:

Don't have him for a friend, he is nothing but a crime final.

不要与他交朋友,他只不过是个罪犯。

We are at home, will be there in no time.

我们现在在家,一会儿去那儿。

利用对比分析法,我们不仅可以对以句子为限的东西(词汇、语音、句法)进行对比,比句子大的(句群、语段)也可以对比,而且句子以外的东西(语言环境)也可以对比。可以说对比分析的研究领域是非常宽广的,它对外语教材编纂和外语教学实践的指导作用也是非常大的。本文仅针对语法系统内几个细小的问题谈了自己粗浅的看法,还有许多问题需要语言学家们和外语工作者做大量艰苦的工作,以促进我国外语教学工作的进步和发展。

二、错误分析教学法

在外语学习过程中,学习者最头疼的问题之一就是经常出现错误。关于外语语言错误的产生,人们有着不同的看法。对比分析理论认为,外语(或第二语言)错误主要是本族语的干扰所致。但大量实验证明,很多外语语言错误不是母语干扰造成的,那么又是什么原因呢? 这就是错误分析所研究的问题。

(一)错误分析理论的发展

1. 错误分析理论兴起的原因

对外语语言错误的研究盛行于 20 世纪 50 至 60 年代。当时的对比分析论认为,通过对学习者母语和目的语的对比研究,可以预测到学习者遇到的困难,这样,能在教学中有所侧重,从而避免错误或少出错误。对比分析的心理学理论基础是行为主义心理学中的刺激反应论和联想理论,行为主义者把语言看成是一种习惯,学习外语就是学习一套新习惯。行为主义心理学认为,学习外语中所出现的错误是学习者母语负迁移的结果,语言上的差异带来了学习上的困难,学习上的困难就导致错误的出现。60 年代后期,人们对对比分析提出了批评。批评者认为,对比分析仅限于对不同语言的音系系统和句法系统的比较。

2. 分析理论的兴起

1967 年 Corde 论文的发表标志着错误分析理论的开始,这篇论文就是大家熟知的《学习者错误的意义》。错误分析的理论基础之一是认知理论，与乔姆斯基的普遍语法有关错误分析是一种建立在创造性结构基础上，研究学习者在学习外语过程中出现的错误的分析方法。错误分析论认为，外语学习者学习一种新语言时，也像儿童习得母语一样，根据接触到的语言材料，对目的语做出假设并检验其正确性，积极地向目的语靠近。在这个学习过程中，出现错误是难免的，绝不能认为出现错误就是学习的失败。通过对错误的分析观察，了解学习者如何建立假设并检验它，研究外语学习心理，寻找错误的来源，帮助学习者纠正错误。

3. 错误分析理论的发展

对比分析认为错误是母语干扰所致。错误分析虽可找到一些非母语干扰的错误，但在研究过程中离不开对比分析的帮助，如果没有对比分析，有些错误可能要归于外语本身的语间错误，对错误也不能深入正确地研究。错误分析的进一步发展，就成为一种过渡语（中介语）的研究。有人认为，中介语是一种处于母语和目的语之间的语言。Ellis 则认为，中介语的构建过程是一种语言重新创造的过程，其始点并不是母语，而是学习者一开始所掌握的一些词汇以及学到的有关如何在没有语法知识的情况下将语言表达清楚的知识。

(二) 错误分析的类型

错误一般分为两类，即能力错误和行为错误，这是两种不同性质的错误。科德认为，行为错误是无规律的，可能是一时忘记了，或因疲劳等原因出现了语言运用的失误，被提出以后学习者可自行纠正。能力错误是有规律的，它系统地反映了外语学习者在某一阶段的语言能力，也就是说能力错误就是中介的特征。因此，科德把错误分为三类：前系统错误、系统错误和后系统错误。前系统错误就是新语言系统形成前的错误，犯这种错误主要是新语言学习尚处于初期，对语言规则不清楚，学习者有实际的意图，但无掌握表达这种意图的方式。系统错误指新系统正在形成期所犯的错误，犯这种错误主要是对已知规则提出假设的错误，导致语言规则运用时的错误。这时，系统规则基本形成，但学习者对其理解并不完整，如知道过去式一般加 ed，却不知有不规则动词，在交际中用 corned 代替。后系统错误主要是语言系统形成以后的错误。犯这种错误，主要是因为学习者还没有养成习惯，有时可能是因为一时忘记了某个规则，也可以说这是失误。

(三)错误的来源

1. 语间迁移

学习者将母语中的规则、结构套用到目标语上,这种心理过程就是通常所说的母语干扰,如:"虽然她累了,但她还是去上班了。"

Although he was tired,but be went to work.

Although he was tired,he went to work.

2. 语内迁移

随着学习者在语言使用方面的不断进步,他们的语际迁移错误会越来越少,但学习者会产生另一种错误,它们是由于学习者对目标语系统整个或某些方面掌握不全面所引起的。中国人学英语过程中一个突出的例子是英语冠词使用不当,如:"她是银行经理"。

She is bank manager.

She is a bank manager.

3. 文化迁移

中、西两种文化各有其源远流长的历史,形成了不同的信仰、观念、风俗、习惯,初学者有时会将本民族的文化套用到英语中去,从而导致错误的产生。

比如用"Where are you going? Have you had lunch?"作问候语。

三、中介语

(一)中介语的发展阶段

布朗根据对学习者所犯错误的观察,提出了中介语发展的四个阶段,用以描述学习者逼近目标语的语言发展过程。

1. 非系统性错误阶段

在这个阶段学习者刚刚接触目标语,他们还没有掌握关于目标语必要的、系统的知识,时间、精力的投入都还不够,听、说、读、写、译的技能远未熟练。学习者会讲出"Tom sing. Tom can to sing. Tom can singing"等话语,说明他们的错误是非系统性的。

2. 呈现阶段

这一阶段的学习者在语言输出的系统性方面有了长进,他们已经觉察到语言的系统性,并开始内化某些规则。这些规则虽然以目标语的标准看来是不正确的,但它们在学习者看来却是合法的。

3. 系统性阶段

在这个阶段学习者在他们的目标语输出中表现出更多的一致性,也就是说,学习者大脑中的规则不会像非系统阶段那样没有章法可依,而是可预测的、连贯的。在这一阶段当他们的错误被指出时,学习者已具备自我纠正的能力。

4. 稳定阶段

在中介语发展的这个最后阶段,学习者的错误大为减少,语言运用的流利程度和表达思想都比较好,学习者已经具备了自我纠正的能力。

(三)中介语的特点和形成原因

中介语理论认为"在进行第二外语学习时"学习者的母语和目的语之间存在着一个中介系统:中介语作为一种介于母语和目的语之间的独特的语言体系,有着其自身的特点。C. Ajemian 指出其有三大特点"可渗透性、石化现象和反复性"。纵观国内外近年来这方面的研究成果,中介语的特点主要可以归纳为以下几个方面:

1. 中介语是一个独立的语言系统,它既不同于母语,又不同于目的语。和任何自然语言一样,它也具备一套独特的语音、语法和词汇等规则体系。这套规则体系是由外语学习者自己创造的。在从事各种交际活动的过程中,学习者有意识地使用这套规则体系来生成他们从未接触过的话语。

2. 中介语始终处于动态的发展变化之中

学习者在学习过程中,中介语的规则系统并不是静止不变的,而是不断变化和发展的;学习者不是从一个发展阶段直接跃至下一个发展阶段的。实际的过程是,他们利用自己有限的目的语知识,不断地进行创造性的假设验证,通过试验和出错,不断地建构和创新自己的语言系统的过程;他们从母语出发,以目的语为标准,由简入繁,经过一系列复杂的发展阶段,逐渐远离母语,接近目的语。

3. 中介语具有可反复性,中介语在学习者从零起点不断向目标语靠近的过程中,并非是直线前进的,其轨迹是曲折反复的。已经得到纠正的偏误会有规律地反复再现。Selinker 认为习得者中介语的形成、发展与下列 5 个方面联系密切:

(1)母语迁移

母语迁移又可以叫作"语际迁移"。母语迁移造成的错误只是学习者中介语错误的一部分,但是是分量很重的一部分。在外语学习的早期阶段,学习者的语言使用经验主要来自母语。他们常常会用母语的语法、语音、词汇等方面的规则来代替目的语的语言规则,把母语的语言规则机械地迁移到目的语语境当中,最终导致偏误的出现。当所要学习的语言与母语之间某些语言项目相同时,母语影响是积极的,学习就容易,就会产生出现正迁移;母语与目标语的某些语言结构不同时,母语的影响是消极的,学习就困难,就会产生负迁移。由此可见,母语习惯对语言学习会产生干扰影响母语和目的语差别较大,则容易产生语言学习困难;母语和目的语相似,则语言学习就相对容易、轻松。

(2)目的语规则过度泛化

学习者对目的语的结构加以概括,根据主观想象去运用所学语言规则,将所学语言简单化,造成"过度泛化",这种泛化形成于学习者个人的学习策略与已掌握的目的语知识之间的相互作用。学习者将所学语法特征扩展到其他语境,按照已知的目的语规则,创造出自己的语法

(3)教学迁移

在外语教学过程中,如果过分强调某一目的语结构或规则也会引起迁移。这大多是由教师教学不当或教材内容不当所引起的。教师在外语教学过程中,把一些不地道的或不合适的语言表达传授给学习者;教材中所使用的不地道的语言形式也会造成教学迁移,使一些不正确的语言项目和结构在学习者大脑中固化从而形成中介语。

(4)学习策略

"所谓学习策略就是学习者在处理具体的学习问题时所采用的方法和手段"。是学习者为了获取新知识,巩固学习成果,解决学习过程中遇到的问题所采取的策略。学习者在外语学习过程中出现的偏误与其在语言运用中所采用的策略有关,学习策略的有效选取和运用是提高学习效率的重要保证。

(5)交际策略

交际策略是指学习者在交际过程中由于某些原因无法用现成、准确的语言形式来表达自己的意思,为解决急需解决的问题而有意识或无意识地使用一些语言或非语言的手段。交际策略也是造成中介语偏误的原因之一。Tarone 认为学习者使用交际策略来弥补实际交际情景中其母语语言知识和目的语的交际对象的语言知识之间的鸿沟。

第六章　外语教学的理论与实践

第一节　外语知识教学理论与实践

一、现代外语语音教学理论

（一）现代外语语音教学存在的问题

就目前外语教学实践而言，语音教学是语言知识和技能教学中最为薄弱的项目，语音不达标仍是学生成绩两极分化产生的重要原因之一。在外语语音教学过程中仍然存在以下几个方面的问题。

1.语音教学评价的缺失

从目前外语试卷的结构设置来看，语音在考试中难觅踪迹。外语教师在语音教学中特别强调字母、音标、单音和拼读等方面的内容，对语音教学没有任何量化指标甚至缺失任务型评价。学生对自己的语音学习也得过且过，拼读还算熟练，语流十分不畅，语调也不过关，甚至阻碍朗读水平和口语技能的发展。但是，教师在音标教学效果上没有硬性指标，对语音教学的其他内容和任务也不重视。从语音教学本身来看，除了知识传授以外，学生的听、辩、模仿能力没有得到相应的强化。外语语音教学就被误以为无足轻重，由于课时有限，教师也会首先考虑压缩语音教学时间，并认为语音教学浪费时间和精力。

2.对语音教学长远性发展认识不足

语音是外语学习的核心问题，是外语语言入门阶段的主要教学内容。严格的语音训练可以为外语学习的长远发展奠定坚实的基础。语音教学应当贯穿于外语教学的始终，语音的学习是一项长期而艰巨的工作。然而，在实际的外语教学实践中，教师对学生语音学习的训练经常出现"久熟不常练"的现象,更不用说把语音教学贯穿于语法、词汇、句型、课文教学和听、说、读、写训练之中,语音教学缺乏综合性的统筹和安排,更不利于外语学习的长远性发展。

(二)现代外语语音教学内容

英汉两种语言的区别表现在语音系统的差别和语音系统操作的不同上。语音是口头交际中赖以传递信息的媒介,语音学习是外语语言学习的第一步,是整个语言学习的重要基础。语音内容也是外语语音教学赖以存在的基础,语音教学是外语教学过程中一个至关重要的环节,在很大程度上决定了外语学习者在外语语言学习方面的发展前途。因此,离开了语音内容谈语音教学,就是一纸空文。在现代外语教学实践中,按照语音音位把外语语音教学内容分为音段音位和超音段音位。音段音位包括元音音素、辅音音素、辅音连缀以及重音;超音段音位包括句子重音、节奏和语调。

1. 音段音位

(1)元音因素和辅音因素

(2)辅音连缀

辅音连缀是外语口语中独有,汉语所没有的特殊现象,且十分常见。常见的辅音连缀有三种情况:词首辅音连缀、词尾辅音连缀和邻接辅音连缀。

(3)重音

所谓单词重音,是指在双音节或多音节的词中,有一个音节读得特别重而强(其余音节相对读得轻而弱),这种现象称作"单词重音"。

2. 超音段音位

外语连贯语流的发音并不仅仅是将一个个单词连在一起的发音,它涉及外语重音、节奏、连读、语调等方面对单词的影响。外语句子重音、节奏和语调等超音段特征是外语语音的最显著特征。具体如下所述:

(1)句子重音

外语重音是外语语言不可或缺的重要成分,也是外语语言最显著的语音特征,是说话者用于强调和表情达意的重要手段。按照强调信息程度的不同,重音可以分为主要重音、次重音、再次重音等。一般而言,关键词需要重读,而其他词则不必重读,这就是句子重音。名词、实义动词、形容词、副词、数词、指示代词、疑问词和感叹词等一般都重读。此外,对于同一个句子而言,重音不同也可能造成表达含义有所不同。

（2）节奏

所谓节奏,是指重读音节和非重读音节交替出现的现象。外语的节奏规律是以重音定时的,即重读音节彼此距离相等。因此,我们要善于掌握一些重要的节奏模式。

（3）语调

外语语调主要有降调、升调、降升调和平调等。同一个句子,语调不同,含义也不同。

（三）现代外语语音教学原则

针对语音教学的目标和现代外语语音教学中存在的问题,且为了弥补语音教学中的不足和提高语音教学的教学效率和优化教学效果,现代外语语音教学应遵循以下原则。

1.模仿、听音和实践相结合原则

任何语言的学习都是从模仿开始,在外语课堂教学中,学生的主要模仿对象是教师,因此语音教学的成功很大程度上取决于教师自身的语音素质,教师本身必须具有自然规范的语音语调。

2.语境与语义、语调与语流相结合的原则

任何语言的发音都是在具体的语境中产生的。让学生在外语语言的交际过程中掌握语音、语调、逻辑重音等,使语音教学与实践有机结合起来,有利于学生学好语音。与此同时,还可以巩固和复习其他模块的知识并在综合运用的过程中提升外语运用的能力。

3.语音教学贯穿始终的原则

语音教学和语音的学习是一项贯穿于学生外语学习始终的任务,需要根据学生具体的语言学习阶段,确定语音教学的目标。语音教学也应该贯穿外语学习的每一个阶段。在外语教学实践中,多数教师认为语音教学仅仅局限于初级阶段,以致学生学完简单的语音知识后就弃置不顾,难以把语音教学贯穿于日常外语教学的始终,结果有些发音错误得不到及时的纠正,对学生外语的持续性学习造成了不良的影响。

二、现代外语语音教学实践

教学任务:

（1）学习长元音 a,e,i,o,u 的发音。

（2）词汇:rake,vase,beet,peek,dive,lime,rose,bone,mule,cube 等。

教学目的:

(1)能够正确读出 26 个英文字母。

(2)能够了解简单的拼读规律。

(3)教师帮助学生区分长元音与短元音的发音差异。

教学形式:个人、小组、全班

教学流程:

Step 1:热身

复习字母歌,教师带领学生一起唱字母歌并做肢体字母操,呈现字母发音。

教师播放多媒体课件,引导学生读单词。

教师与学生打招呼,并进行问候,来让学生对西方基本交际礼仪进行内化;教师与每个学生的进一步互动能活跃课堂气氛,让每个学生感受到关爱,调动学生学习的积极性。

Step 2:呈现字母发音

(1)多媒体课件呈现字母 a。

(2)同理,呈现字母 e,i,o,u 的发音。

Step 3:我指字母你发音

(1)多媒体课件呈现字母组合:a-e,ee,l-e,o-e,u-e。

(2)教师快速指换字母,学生快速说出字母发音。

教师指字母的速度加快,通过字母发音引出单词,通过快速反应使学生形成条件反射,看到字母就反应字母的发音,逐步培养学生自然拼读。

Step 4:多媒体课件展示单词并练习

(1)展示词汇图片,学生一起做连线,教师快速指图,学生快速说单词。

(2)学生分组练习词汇。学生可看书说单词,第二遍学生不可看书,一起讨论说出。本环节既能锻炼学生的发音,又能扩展学生的词汇量。

Step 5:听音圈字母

(1)播放 CD,学生听音圈字母。

(2)再次播放,学生核对答案。

锻炼学生对字母发音的敏感度,进而锻炼学生听音辨词能力。

Step 6:游戏

(1)此游戏锻炼特定的字母发音,如长元音/ei/,老师根据发音说一系列单词。

（2）当学生听到带有长元音 a 的单词时就全体起立，继续听单词，当再次听到带有长元音 a 坐下。

Step 7：家庭作业

（1）Review the phonics and words you've learn in this lesson。

（2）Listen to the radio and follow it to correct the pronunciation。

分析：此次语音教学实践体现了以"以学生为本"的新课程教学理念。在课程导入过程中结合字母歌、字母操让学生对字母音形义产生直观印象。在音标教学过程中借助计算机多媒体可视化教学设备使音标教学形象直观。同时采用情境教学、分组教学及游戏贯穿的教学方法，使学生在轻松、愉快的语境中学习语音。通过游戏锻炼学生外语单词读音的反应能力和听词辨音能力来让学生练习特定的字母发音，锻炼学生听到字母发音能辨别字母的能力，逐步培养学生听音能写，见字能读的能力。课堂上教师与学生的互动能活跃课堂气氛，让每个学生感受到关爱，调动学生学习的积极性，培养了学习外语的兴趣，另外全浸式外语教学还有利于培养学生的外语思维。

三、现代外语词汇教学理论

（一）现代外语词汇教学存在的问题

外语词汇量不足、记忆困难和缺乏词汇运用能力是长久以来困扰学生外语学习的一大问题。词汇包括音、形、义三个结构要素，学习和掌握词的三个要素并能够在交际活动中领会和运用词汇，牵涉到一个复杂的心理认知过程。外语词汇教学的问题随着教学的存在而存在，听与阅读中的词汇再现、说与写中的词汇使用率是外语词汇教学的关键所在。目前词汇教学中存在的问题可以归纳如下。

（1）初次词汇讲授过程中忽略了语音的精准性，尤其是重音问题。

（2）单词脱离具体语言环境的集中学习。

（3）学生由于本身能力有限，不能借助词典等辅助工具进行自主学习，也不能掌握和发现构词规律，过分依赖于教师，主动能力弱化。

（4）教师在词汇讲授过程中，对汉语母语严重依赖，一旦发现学生对外语无法理解，即刻中文进行对译，懒惰于对词汇进行情境联想、猜词。

（5）缺乏与词汇对应的课外阅读材料和笔头作文训练，已学词汇缺乏具体语境的复现,不能很好地遵循遗忘记忆曲线规律,导致学生边学边忘,词汇记忆效果不明显,更无法提升词汇运用能力。

(二)现代外语词汇教学的内容

外语词汇的学习也是一个循序渐进的过程。词汇教学的内容也涵盖了许多方面。掌握一个词汇,一般包括掌握词义、用法、词汇信息和词法四个方面的内容。

1.词汇意义

由于外语母语与目的语之间存在较大的差异,从语义角度而言,一些词汇的含义就其内涵、外延在两种语言中有着不同之处。词汇教学的首要任务就是让学生识记和理解所学单词的意思,然而单词的意义又受到语境即上下文的制约。在教学过程中,教师就应采用各种方法使学生了解语义和语境之间的关系。

词组和不同的单词搭配,在不同的语境中就会有不同的含义。外语教师在讲课的过程中也要有意地引导学生结合具体语境分析词汇的具体含义。

2.词汇信息

词汇信息主要包括词干、词类,词的前缀、后缀,词的发音和拼写等内容。这些都是词的最基本信息,也是学生应该掌握的最基本的词汇内容。

3.词汇场合

不同的词汇用在不同的场景之中。外语词汇也有书面语和口头语之分,在不同的场合中,词汇除了本身的概念意义还包括暗含意义及其感情色彩。词汇场合一般有固定搭配、短语、习语、语域、风格等。

4.词汇固定搭配和语法特点

词的特定搭配是外语词汇教学的重要内容。搭配在外语词汇使用中具有重要意义,也是中国学生学习外语的重点和难点。每个单词都会有不同的语法特点,在不同的环境下,词的拼写形式甚至重音都会发生相应的变化。例如,名词会有单、复数的变化;形容词会有原级、比较级和最高级的变化形式;动词会有时态和语态的变化。在这些词本身的形式变化中,也都有规则变化和不规则变化。此外,词汇使用也会体现着许多语法特征,尤其是动词。

四、现代外语词汇教学实践

(一)游戏词汇教学实践

教学任务:Art Supplies 单元关于学习用品的词汇。

教学目的:运用游戏教学法贯穿词汇学习始终,让学生在轻松愉快的学习氛围复习巩固。

教学形式:小组

教学流程:

Step 1:热身

教师在分组前渲染气氛,动作夸张,适时停顿,给学生留下悬念,以此活跃课堂气氛,吸引学生的课堂注意力

Step 2:教师安排游戏活动

(1)课堂管理:"Attention,one,two! Who's sitting well?"

(2)请一个学生从背包里拿出笔袋呈现单词 glue。

(3)教师从书包里分别拿出颜料、纸、粉笔、线、胶带来分别呈现 paint,paper,chalk,yarn,tape 等词汇。然后根据多媒体课件游戏中出现的物品,教师引导学生说单词。

Step 3:多媒体课件展示闪卡游戏

(1)教师通过多媒体课件向学生展示闪卡,学生读单词。

(2)几轮闪卡,学生基本熟识单词,教师拿出下一张,让学生猜测单词。

Step 4:看图对话

(1)学生两两一组,看 A 部分的图画,互相提问和回答。

(2)学生进行展示。

Step 5:游戏

Step 6:学生分组表演

(1)鼓励学生四人一组结组,教师示范,小组合作创设情境,用实物介绍自己的文具及所看到的教室物品,越多越好。

(2)根据每个小组的所说物品的多少,评出最佳表演组。

教师在这个环节要多注意每组里每一位学生的掌握情况,掌握得不好的学生,教师需要安排小组竞争之后个人的测评环节,尽力保证每一位学生的教学效果。

分析:本次教学实践采取分组教学游戏的教学方法。其主要围绕有关

学习用品词汇导入和训练有关,设计了多层教学环节,而且任务的设计也是由易到难,由浅入深,教学以阶梯的形式层层推进,各个细微游戏环节的过渡自然得体,让学生们多形式地参与词汇学习和课堂交流。课堂气氛比较和谐、融洽,在讲课过程中加入竞争机制也可以使课堂活泼有趣,在这些前提下,学生们的想象力也得到了充分的发挥,词汇记忆的效果也就更加明显。

(二)情境和游戏相结合的词汇教学实践

教学任务:掌握教室内部相关的重点词汇

教学目的:运用情景教学,游戏贯穿,让学生在轻松愉快的学习氛围复习巩固。

教学形式:分组教学

教学流程:

Step 1:热身

Step 2:竞争机制以及分组

Step 3:教室情境呈现词汇

Step 4:自然拼词汇操练

Step 5:游戏操练

Step 6:一口气游戏分组比赛

Step 7:整体操练

Step 8:复习所学词汇

分析:本次教学实践在教学设计上具有层次性,从歌曲热身—教室情境呈现—游戏操练—半机械操练—小组活动比赛—整体操练输出,学生可以多形式地参与课堂学习。课堂气氛比较积极活跃、融洽,学生的学习兴致也比较浓厚,在这些前提下,他们的想象力也得到了充分的发挥,词汇记忆的效果也就更加明显。

五、现代外语语法教学理论

(一)现代外语语法教学存在的问题

外语语法是普通外语测试中必不可少的部分,是构筑外语基础的基石。语法教学关系到学生对语言的理解和应用。语法项目在高考甚至研究生入学考试中都占了相当大的比重。然而在具体的语法教学实践中仍存在许多问题,可以归纳为以下几个方面。

1.语法教学方式单一

在语法教学实践中,许多教师多采用讲解语法概念和原则,并做相应练习的教学方式,甚至不少教师对课堂中遇到的语法规则进行大量的讲解,因而占用了教学和学生学习的大量时间。学生在教学中处于被动地位,学生似乎一听就懂,可是过一段时间又感觉很陌生,遇到语法知识融合的现象就感觉不知所措。语法教学不仅需要适当的讲解,更需要有效地技能训练。

2.语法教学缺乏系统分析总结

大多数学生对语法项目并不陌生,一提到语法也能说出时态、语态、虚拟语气等,但如果说到具体的语法条目,很可能一知半解,头脑中没有建立一个整体的认知和完整的框架。

3.忽视外语语法意识的培养

有关语法应用考查的题型在考试中也占据着不小的比重,如改错题和外语写作。改错题和写作是外语语法项目在语言实际情境中的应用,需要学生具备扎实的语法功底,如果学生对语法项目不熟悉,对一些语法错误就会缺乏敏感度。语法意识是学生语法能力发展的最高境界,淡化语法意识是外语语法教学方向的迷失。

4.忽略课外阅读对语法能力的提升

纵观各种外语考试,阅读理解占试卷的比重居高不下。外语阅读理解是外语语法运用的大环境,虽然表面看来课外阅读与学生的各种成绩无直接关联,但阅读无时无刻不在考查学生的语法运用和理解能力。教师应鼓励学生多阅读原版英文小说或外语期刊、报纸,多积累外语文化知识,内化语法知识运用能力。

(二)现代外语语法教学的内容

整体而言,外语语法的主要内容大体上可以分为词法和句法两大类。词法又可以进而分为构词法和词类:构词法主要讨论不同的词缀、词的转化、派生、合成等内容;词类可以进一步分为静态词和动态词。句法可以大致分为句子成分、句子分类、标点符号三大部分:句子成分主要包括主语、谓语、宾语、定语、状语、表语、同位语、独立成分等;句子的分类,可以按句子的结构分为简单句、复合句和并列句,也可以按句子的目的分为陈述句、疑问句、祈使句、感叹句等。与句子有关的内容还包括主句、从句、省略句等。标点符号也是句法学习的主要内容之一,此外还有词组的分类、功能、不规则动词等。

语法知识点比较零乱、琐碎,因而教师在教学过程中可以不断地使知识再现,以加深学生的印象并在实践运用中加强对语法知识的掌握和提升学生的语法运用能力。

(三)现代外语语法教学的目标

按照《新课程标准》的要求,语法教学的目标和词汇教学的目标一致,要从实践运用的角度出发,发展和培养学生较强的语法意识。语法教学不应局限在语法的范畴内,必须与逻辑思维联系起来,与说话人的意识联系起来,与篇章语境联系起来,与题材、体裁联系起来,与语汇用法联系起来,与文化联系起来。

(四)现代外语语法教学的原则

袁昌寰认为,对待语法教学应该注意避免两种"走极端"的不良倾向。一种是过分强调语法的作用,把语法教学和外语教学等同起来,认为学好了语法就等于学好了外语;另一种错误倾向是忽视语法对语言运用的指导作用。外语教学的实践表明,这两种倾向都是片面的,也都会对外语语法教学带来一定的负面影响。因此,在外语语法教学中应坚持以下原则:

1. 动机原则

动机是一切教学活动的保证,所以在语法教学中激发学生的学习动机是非常重要的。为了有效地激发学生的动机,学生能积极主动地参与到语法活动中来,教师应从以下几个方面做努力。

(1)话题选择。话题的选择要适合学生年龄,也就是要符合学生的认知能力和语法水平,要与学生的生活经历紧密相连,能够激发学生的想象力或好奇心。

(2)情景创设。尽可能地创设真实的语境,利用各种手段为学生提供视觉物体,如幻灯、图画等,让学生去表达真情实感。

(3)活动类型。课堂活动应多选择一些开放性和交际性的活动,少一些机械性的束缚,激发学生的学习兴趣,培养学生的发散思维能力。

(4)个性化。个性化主要指活动应来自于学生的观点、学生的亲身经历、学生的情感等。个性化活动对学生进行真实的交流,在思想交流之中内化语言规则有很大的帮助。

2. 交际原则

所有的语言都是用来交际的,需要在交际活动中培养并体现出来的,所以语法教学要坚持交际原则,必须具有交际性。

3. 效率原则

课堂活动的有效开展是语法教学的重要保障。在组织外语语法教学活动中,教师除了要激发学生的动机之外,还要能够保证教学的效率,具体应该做到以下几点。

(1)练前准备。

(2)明确教学活动的目的。语言层面的活动会使课堂显得单调,不易引起学生的兴趣。所以,即使是语法练习,教师也应坚持以信息和任务为目的,使学生运用所学语言语法知识完成所接受的任务。

(3)保证练习有效性。语法教学要保证学生能够正确使用所学语法规则。

(4)采用不同种类的活动。学生在学习语法知识时很容易产生厌倦,因为语法学习本身十分单调,所以教师应尽可能在教学中采用不同的活动激发学生的学习兴趣。

(5)鼓励学生参与活动。教师应该鼓励学生积极参与到活动中来,在感受活动乐趣的同时,学生能更快地接受语法知识,提高学习效率。

(6)课堂评估。课堂评估是对教师课堂教学效果和学生学习结果的评价。

4. 综合性原则

综合性原则是指外语语法教学要做到方法、内容和技能等的综合运用,避免单一性,并列力求做到隐性与显性相结合,归纳与演绎相结合,语法与听、说、读、写活动相结合。语言学习过程本来就是隐性和显性的结合,语法教学中也必须遵循语法学习规律。以隐性教学为主,适当采用显性教学方式,通过隐性培养语言使用能力,通过显性增强语法意识。归纳法与演绎法各有利弊,在语法教学中要将两种方法结合使用,以归纳为主,演绎为辅。

5. 适度紧张原则

一般情况下,教师在讲解完语法知识后会让学生做练习。练习的形式可以是多种多样的,既可以是习题集训练,也可以是口头练习。教师应该合理安排练习活动,使学生适度紧张,带有一定的紧迫感。

6.针对性原则

所谓针对性原则,就是要求教师在教学中要针对学生的语法薄弱环节有的放矢地开展教学。由于班级之间或者学生之间的水平存在一定的差异,要求教师在语法教学时要有针对性,根据学生的具体情况采取合适的教学方式。只有这样有针对性地展开教学,才能真正提高教学效率。

7.大量语言输入原则

克拉申的语言输入假设认为,可理解的语言输入对习得十分有利。在语法教学过程中,教师的课堂话语是学生获得语言输入的重要途径之一。教师在课堂上无论是口头进行语法操练,还是布置语法任务,或者是呈现某些语法结构的情景运用,都要尽可能多地运用外语教学。

六、现代外语语法教学实践

(一)任务型语法教学实践

教学任务:学习宾语从句的结构及用法。

教学目的:通过设计不同的教学任务,训练学生对宾语从句的结构与用法的认知、理解与应用。

教学形式:个人、小组、全班

该教学实践以话题为主线,重点突出了语法教学的形式、意义和语用统一的原则。主要围绕同一个话题,设计了多个任务,形成了一个任务链,各个微型任务的过渡自然得体,由浅入深,由易到难,教学层层推进。学生通过听、说、读、写的操练,最终实现本课的学习任务——掌握宾语从句的结构与用法。而且教师在输入足够的信息后,针对宾语从句的结构,积极引导学生进行归纳,其目的是培养学生的自主探究的学习能力。

(二)活动式语法呈现教学实践

教学任务:现在完成时。

教学目的:通过听说的有机结合,让学生在贴近生活的情境中,通过小组合作方式的学习来了解和掌握现在完成时的用法。

教学形式:小组

该教学实践首先利用多媒体将教学资源进行了直观性的呈现,激发了学生学习的兴趣。从讨论中引出动词以及过去分词的教学,并让学生通过听的活动感受现在完成时。最后设置真实的情境,让学生进行双人合作和小组活动,进一步加强对该语法点的认识和理解,同时也突出了小组合作学习的作用,培养了学生的合作意识。

(三)"自主探究式"语法教学实践

教学任务:学习虚拟语气的结构及用法。

教学目的:通过改变传统外语教学中"教师讲解语法"的教学方法,对虚拟语气的语法功能,引导学生自己去发现与探究,培养学生自主学习与探究的能力。

教学形式:小组

该教学实践体现了以"学生为主体,教师为主导"的新课程标准的教学理念。教师在导入虚拟语气时采用歌曲和短文语言材料,使学生在轻松、愉快的语境中自己发现语法规则,并通过小组合作活动使学生对虚拟语气语法结构的理解进一步地加深,同时在开展实践运用时结合学生熟悉的话题,让学生在完成任务的过程中,感受和体验学习过程的快乐并获得学习的成功感。

第二节　外语知识技能理论与实践

一、现代外语听力教学理论

(一)外语听力教学存在的问题

1.教材内容陈旧

好的听力教材不仅可以丰富学生的文化素质,还可以开阔学生的视野,质量不佳的教材则会对教与学产生种种阻碍。可见,教材对听力教学活动的组织安排具有很大的指导作用。

就目前的情况来看,我国很多高等院校所使用的听力教材都存在更新周期较长、层次性低、多样性差的特点,难以体现快速变化的时代特征。

2.教学模式机械单调

许多教师对听力教学的目的与意义认识不清、理解不透,在进行听力教学时只是机械地遵循教材的要求,并采取单一、枯燥的教学模式。具体地来说,主要体现在以下几个方面。

(1)许多教师在授课时没有明确的教学目标,一味盲目地让学生听,于是听力教学就成了机械地放录音的活动。

（2）多数听力训练都是以测试题的形式完成的，答题成为主要的听力教学方式。

（3）大多数教师在听力课堂上忽视学生对于语篇的整体理解，仍旧采用"听录音、对答案、教师解释"的授课模式。

3. 学生听力理解能力差

很多学生都感觉自己的听力理解能力严重不足，他们甚至对练习听力或做听力题目感到畏惧。具体来说，学生听力差的原因可以归结为以下几个方面。

（1）语音基础薄弱。

（2）词汇储备量小。

（3）语速适应能力弱。

（4）语法基础薄弱。

（5）受汉语思维影响严重。

（6）文化背景知识欠缺。

4. 学生听力习惯欠佳

学生的不良听力习惯主要包括以下几种。

（1）有些学生很难集中注意力，容易走神了，听的效果自然不好。

（2）有些学生喜欢逐字逐句地听，一旦听到不熟悉的单词就停顿，影响了听后面的内容。

（3）不少学生不会捕捉非言语提示也不会借助上下文进行逻辑推理，不会利用联想发挥等策略来检索输入信息以解决问题。

（4）情绪焦虑。听力理解过程是对学生心理素质的一次检验。有些同学一听到音频就进入了紧张状态，随着音频的继续，情绪会变得烦躁不安或大脑出现空白。在这种焦虑的状态下，听力效果会受到直接影响。

（5）听力理解过程是学生对听力材料的内容进行联想、记忆、判断、分析、综合的过程。因此，学生必须具备分析、归纳、综合的能力，把有意义的信息进行长时或短时储存，才能准确地把握听力材料的内容。然而，很多学生缺乏这种逻辑思维能力。

（二）外语听力教学的内容

现代外语听力教学的内容通常包括四个方面：听力知识、听力技能、听力理解和逻辑推理。下面我们就对这四项内容分别展开介绍。

1. 听力知识

听力知识包括很多方面,如语音知识、语用知识、策略知识、文化知识等。同一个句子会因发音、重读、语调等的变化而表达不同的意思,表示不同的态度和感情。熟练掌握外语的发音、重读、连读、意群和语调等语音知识有助于提高学生的语音识别能力和对语音敏锐的反应能力。语音知识不仅是语音教学的内容,还是听力教学的内容。教师在讲授语音知识时,需要重视对学生听音、意群、重读等方面的训练,训练内容既要包括词、句,也要包括段落、文章,使学生熟悉外语的表达习惯、节奏,适应外语语流,从而为学生提高听力理解能力打下坚实的基础。

2. 听力技能

(1)基本听力技能

听力技能包括主要包括以下几项内容。

①辨音能力;②交际信息辨别能力;③大意理解能力;④细节理解能力;⑤选择注意力;⑥记笔记。

需要注意的一点是,以上这些听力技能不能一次性传授给学生,或要求学生一次全部掌握,而应根据学生的特点以及不同的外语教学阶段,将教学重点放在某一或某几个听力技能上,循序渐进地进行,以便取得更好的教学效果。

(2)听力技巧

听力技巧主要包括猜词义,听关键词、过渡连接词、预测、推断等。掌握正确的听力技巧,可以有效提高听力理解的能力。因此,训练听力技巧的各种听力活动也是听力教学的必要内容。

3. 听力理解

教授听力知识和听力技能的目的在于帮助学生理解听到的内容。因此,现代外语听力教学除了知识和技能的教学之外,更多地应该通过各种活动训练学生对句子和语篇的理解能力,使学生的理解由"字面"到"隐含"再到"应用",理解步步加深。

听力理解包括以下几个阶段。

(1)辨认。辨认主要包括语音辨认、信息辨认、符号辨认等方面。尽管辨认处于第一个阶段,属于第一层次,但却是后面几个阶段开展的重要基础。

(2)分析。

(3)重组。

(4)评价与应用。

以上这几个阶段是一个循序渐进的过程。任何级别的听力学习都必须经历由辨认到分析再到应用的一系列过程,然后才能逐步得到提高。

(三)外语听力教学的目标

1.义务教育阶段和高中阶段外语听力教学的目标

根据《全日制义务教育普通高级中学外语课程标准(实验稿)》所颁布的内容标准,从小学到高中的外语听力教学目标共分为九个级别,具体如下。

一级目标:

(1)能根据听到的词语识别或指认图片或实物。

(2)能听懂课堂简短的指令并做出相应的反应。

(3)能根据指令做事情,如指图片、涂颜色、画图、做动作、做手工等。

(4)能在图片和动作的提示下听懂简单的小故事并做出反应。

二级目标:

(1)能在图片、图像、手势的帮助下,听懂简单的话语或录音材料。

(2)能听懂简单的配图小故事。

(3)能听懂课堂活动中简单的提问。

(4)能听懂常用指令和要求并做出适当反应。

三级目标:

(1)能识别不同句式的语调,如陈述句、疑问句和指令等。

(2)能根据语调变化,判断句子意义的变化。

(3)能辨认歌谣中的韵律。

(4)能识别语段中句子间的联系。

(5)能听懂学习活动中连续的指令和问题,并做出适当反应。

(6)能听懂有关熟悉话题的语段。

(7)能借助提示听懂教师讲述的故事。

四级目标:

(1)能听懂接近正常语速、熟悉话题的语段,并识别主题,获取主要信息。

(2)能听懂简单故事的情节发展,理解其中主要人物和事件。

(3)能根据连续的指令完成任务。

(4)能听懂广播、电视中初级外语教学节目。

五级目标：

(1)能根据语调和重音理解说话者的意图。

(2)能听懂有关熟悉话题的谈话，并能从中提取信息和观点。

(3)能借助语境克服生词障碍、理解大意。

(4)能听懂接近正常语速的故事和记叙文，理解故事的因果关系。

(5)能在听的过程中用适当方式做出反应。

(6)能针对所听语段的内容记录简单信息。

六级目标：

(1)能抓住所听语段中的关键词，理解句子之间的逻辑关系。

(2)能从听力材料、简单演讲或讨论中提取信息和观点。

(3)能听懂日常的要求和指令，并能根据要求和指令完成任务。

七级目标：

(1)能识别语段中的重要信息并进行简单的推断。

(2)能根据所听内容做笔记。

(3)能根据话语中的线索把相关事实和信息联系起来。

(4)能听懂故事中对人和物的描写、情节的发展及结果。

八级目标：

(1)能识别不同语气所表达的不同态度。

(2)能听懂有关熟悉话题的讨论和谈话并记住要点。

(3)能抓住简单语段中的观点。

(4)能基本听懂广播、电视外语新闻的主题或大意。

(5)能听懂委婉的建议、劝告等。

九级目标：

(1)能听懂有关熟悉话题的演讲、讨论、辩论和报告。

(2)能听懂国内外一般的外语新闻广播及天气预报。

(3)能抓住较长发言的内容要点，理解讲话人的观点及目的。

(4)能从言谈中判断对方的态度、喜恶、立场。

(5)能理解一般的幽默。

(6)能在听的过程中克服一般性的口音干扰。

2. 大学阶段外语听力教学的目标

《大学外语课程教学要求》也对大学外语听力教学制定了具体的目标，分为以下三个层次：一般要求；较高要求；更高要求。

二、现代外语听力教学实践

(一)"视听说结合"听力教学实践

综合运用视听结合、听说结合、听读结合等教学方法，有助于培养学生的综合听力能力。此外，积极引导学生通过多种形式参与课堂教学活动，如个人角色扮演、小组活动、全班参与等，不同层次的学生能在不同语言任务中都有所收获。

(二)"听力策略培养"听力教学实践

在练习听力理解技能时，教师要尽可能给学生提供多种多样的练习形式。在教学实践活动中，教师就有意识地使用不同的听力教学策略，以此来培养学生的听力法，提高学生的听力水平。

(三)"合作探究式"听力教学实践

从听前准备到听后的综合理解，共包括五部分内容：听力主题相关知识学习、听力词汇学习、听力法训练、听力阅读理解和听后话题的反馈。教师充分考虑了学生的总体情况以及学生之间的个体差异、学生学习心理和学习的难点等因素。为了引导学生更好地进行学习，教师采用多种活动方式，如分组讨论、小组比赛、情景设置、图文结合等。该设计主要有如下几个特点。

(1)通过小组合作学习，发挥集体的力量，提高学生学习效能，同时也培养了学生的团队协作意识。

(2)鼓励学生自主组织课堂活动，进行合作探究。

(3)根据学生的个体差异，设计不同的任务要求，有助于取得最佳的课堂效果。

(4)充分、合理地利用多媒体辅助课堂教学活动的顺利开展，不仅激发了学生的学习兴趣，还活跃了课堂气氛。

三、现代外语口语教学理论

(一)外语口语教学存在的问题

1. 教学方法单一

口语教学应培养学生运用口语描述现象、表达观点、进行交际的能力。

因此,口语教学的重点不是知识的传授,而是能力的培养,这种能力的获得主要依靠学生的练习与教师的指导。然而,许多教师在带领学生进行口语练习时,没有意识到口语课与其他课程的不同,仍然使用传统的"讲解—练习—运用"的教学方法来讲授口语,没有调动起学生表达的欲望。

2. 教师指导方法欠佳

许多教师在对学生的口语表达进行指导时缺乏科学合理的方法,具体表现在以下几个方面。

(1)许多教师没有对口语话题进行适当或必要的解释。

(2)许多教师没有设身处地地考虑学生口语学习的难度,基本没有从学生的角度去指导口语使用策略。

(3)许多教师常常使用逐字逐句纠错方式,不少学生产生依赖心理或者自信心不足。

(4)许多教师没有对即将讨论的话题提供足够的语言支持,没有向学生提供必要的词汇、句型等特定表达方式,没有结合学生的观点帮助学生拓宽思路。

3. 学生口语能力差、心理压力大

由于教师与学生在口语方面投入的时间较少,中国学生在口语方面普遍表现欠佳,具体表现在:

(1)由于不懂得话题展开的技巧且缺乏必要的练习,学生很难将学到的词汇、语法用在口头表达中,因而造成无话可说或不知如何去说的尴尬局面。

(2)中国学生在进行口语表达时常常缺乏自信,他们总是担心自己出错、被批评、被耻笑。

(3)中国学生受汉语影响较大,在口语表达上难免会出现各种各样的问题。

(二)外语口语教学的内容

外语口语教学的内容主要包括语音训练、词汇和语法、会话技巧、文化知识等。

1. 语音训练

语音是学习外语口语的基础。语音训练的目标就是掌握正确的语音和语调,包括重读、弱读、连读、音节、意群、停顿等。

（1）语调

语调是指语音的"旋律"，也就是声调高低的变化。语调在一定程度上是由重音控制的。因为在声调高低的比较中，重要的变化只出现在重读音节上。外语语调分为上升调和下降调两种，同一个句子用升调或降调可以表达不同的意思。

（2）节奏

外语的节奏规律是通过重读音节与轻读音节的组合加重复体现出来的。外语口语中的节奏基本体现在各个重读音节之间，其时距大体相同。各个重音与它跟随的若干轻读音节构成一个节奏群。

2. 词汇和语法

词汇和语法对口语尤为重要。没有足够的词汇量，我们就不能准确地表达自己的思想；没有正确的语法知识，我们就不能合理地组织语言，就会使表达语无伦次，让听者不知所云或产生误解。因此，口语教学还应涉及词汇和语法教学的内容，以更好地实现口语教学的目标。

3. 会话技巧

口语教学的最终目的就是为了交际，学习并运用一些会话技巧可以使交际顺利进行。下面我们介绍几种常用的会话技巧。

（1）邀请。

（2）宣布。

（3）请求。

（4）解释。解释是指当听者不能明白自己的意思时，或说话者找不到相对应的表达方式与之对应，为了能够转换说话方式，运用同义词或其他解释性语言，进行补充说明。

（5）析疑。在交际过程中，当听者没有听清楚对方的意思时，可以通过不同的方式询问对方的含义，以确保会话继续进行。析疑技巧是要求对方解释已经说过的话，或用升调重复对方说过的话，可以有效防止会话中断。

4. 文化知识

在口语交际中，文化知识也十分重要。交际的得体性决定了学生必须掌握一定的文化知识，包括普通的文化规则和不同文化之间的交际规则。

（三）外语口语教学的目标

1. 义务教育阶段和高中阶段外语口语教学的目标

根据《全日制义务教育普通高级中学外语课程标准（实验稿）》所颁布的内容标准，从小学到高中的外语口语教学目标共分为九个级别。

2. 大学阶段外语口语教学的目标

随着学习的深入，《大学外语课程教学要求》针对外语口语教学的目标划分了三个层次，具体如下。

一般要求：

（1）能在学习过程中用外语交流，并能就某一主题进行讨论。

（2）能就日常话题用外语进行交谈。

（3）能经准备后就所熟悉的话题做简短发言，表达比较清楚，语音、语调基本正确。

（4）能在交谈中使用基本的会话策略。

较高要求：

（1）能用外语就一般性话题进行比较流利的会话。

（2）能基本表达个人意见、情感、观点等。

（3）能基本陈述事实、理由和描述事件，表达清楚，语音、语调基本正确。

更高要求：

（1）能较为流利、准确地就一般或专业性话题进行对话或讨论。

（2）能用简练的语言概括篇幅较长、有一定语言难度的文本或讲话。

（3）能在国际会议和专业交流中宣读论文并参加讨论。

（4）能使用较高的讲话技巧，如引起听众的注意、维持听众热情、协调与其他讲话人的关系等。

（四）外语口语教学的原则

1. 科学性原则

教师在纠正学生的错误时，要讲究策略，运用科学的方法。在外语口语教学中，纠正错误的最佳方法是先表扬、后纠正，并注意保护学生的自信心并给他们自我纠正的机会。

2. 循序渐进原则

遵循循序渐进原则，就是指在口语训练时要由浅入深，由易到难，由机械模仿到自由运用，循序渐进地展开。因为学习任何事物都不可能一蹴而就,都要经历一个过程。因此,一定要掌握好度,循序渐进地开展口语训练。

3.贴近学生生活原则

教师给学生布置口语任务时,一定要注意贴近学生的学习和生活。只有这样,才能激发学生开口说的动力。要做到这一点,教师需要做好以下三个方面的工作。

(1)教师要充分考虑学生交际的愿望和目的。

(2)教师要注意把学生感兴趣的话题与口语教学内容结合在一起。

(3)教师应设计主题或话题时,要注意其趣味性。

4.多样化原则

在实际的外语口语教学过程中,多样化原则应该体现在以下两个方面。

(1)教学手段多样化

在口语教学中,教师应努力创造一个轻松愉快的课堂环境。具体来说,教师可以尽可能地充分利用学校现有的教学设备,如录音机、多媒体,让学生通过图片以及地道的外语,轻松地学习外语,在此过程中逐渐提高自己的口语能力。

(2)教学方法多样化

根据每堂课不同的教学目标,教师可以运用多种教学方法,设计不同的活动训练学生的口语。

5.准确性和流利性相结合原则

口语表达是一种输出技能,不仅要求准确,还要求流畅。在口语教学中,教师既要开展以训练学生语言准确性为中心的活动,也要开展有利于培养学生语言流利性的活动。

6.课堂教学与课外活动相结合原则

课外活动是课堂教学的继续和延伸,与课堂教学密切相关。让学生通过课外活动复习、巩固与提高所学的知识,培养学生说口语的兴趣。

四、现代外语口语教学实践

(一)"互动式"口语教学实践

该口语教学实践采用互动式的教学模式,充分利用现有教材资料进行有效的整合。其充分考虑到学生的学习兴趣,所设计的内容与学生的日常生活密切相关,侧重培养学生外语口语表达能力,同时结合听、读、写各项技能,充分发挥小组合作的优势,使学生真正成为学习的主体。整个课堂条理清晰,层次分明,教学步骤十分紧凑,具有很强的操作性,课堂评价贯彻始终,自主学习、探究性学习与合作学习相结合,不仅培养了学生主动探究和自主调控学习策略的能力,还有助于使学生获得成就感。

（二）"3P"口语教学实践

该口语教学实践采用 presentation, practice, production 的"3P"的教学模式,以学生的多种参与形式为手段,通过听说练习,使学生对课题的表达有所了解,同时在谈论课题的语境中掌握了 when, while, after, before 等词引导的时间状语从句的用法。此外,该教学实践也十分重视语音语调,采用多种策略达到训练学生纯正的发音、流利的会话的目的。

（三）"任务型"口语教学实践

此教学实践活动通过小组合作的形式组织口语练习活动,为学生留出了极大的语言使用空间和自由。在刺激学生表达欲望的同时,还通过互相帮助提高了学习的效率。学生在完成任务、展示讨论成果中获得了满足感和成就感。话题中的对比主题提升了学生分析、对比、辩论的能力,也提高了学生用外语分析和解决问题的综合能力。

五、现代外语阅读教学理论

（一）外语阅读教学存在的问题

1. 教学观念不正确

许多教师对阅读教学在外语教学中的作用存在不正确的认识,主要表现在以下几个方面。

（1）将阅读教学等同于词汇教学、语法教学

传统的外语阅读教学理论认为,词汇、语法和语言知识是阅读教学的重点。因此,许多教师过分重视语言知识的传授,并把大部分课堂时间用于阅读材料的细节性解释上,常常抓住一个单词、语法点大讲特讲,阅读教学呈现"讲解生词—逐句逐段分析—对答案"的定式。

（2）将阅读速度等同于阅读能力

有些教师认为,阅读速度加快就意味着阅读能力的提高,并据此来开展教学活动。事实上,阅读速度与阅读能力并没有必然关系。

因此,教师应根据阅读材料的题材、要求、目的来灵活掌握阅读速度。

2. 教学方法落后

外语阅读教学方法的落后体现在,教师在课堂上只管使劲地讲,满黑板

地写,一味地讲解生词、逐句逐段分析语篇。学生则在下面拼命地记笔记,被动地模仿、记忆和进行古板的、孤立的、教条式的句型操练和单句翻译。这种教学方法的应试性比较高,学生的主体地位不突出,无法激发出学生的学习兴趣、阅读习惯、阅读技巧等,学生很难积极主动地参与到课堂教学活动中来,不少学生听课时心不在焉甚至打瞌睡,导致费时、低效现象严重。

因此,教师除对文章重要信息进行必要的解释外,重点应启发学生在阅读中进行积极的思维活动,并培养学生在词汇猜测、结构梳理、内容预测等方面的能力。

3. 学生阅读习惯欠佳

高质量的阅读离不开良好的阅读习惯,而不良的阅读习惯对阅读理解会产生不容忽视的阻碍作用,更影响着思维的连贯性以及理解能力。因此,教师应指出并帮助学生克服自身的不良习惯,培养正确的阅读习惯,以帮助提高阅读效率。

(二)外语阅读教学的内容

外语阅读教学包含培养学生的各种阅读技能,通常包含以下几个方面的内容。

1. 辨认单词。

2. 猜测陌生词语。

3. 理解句子之间的关系。

4. 理解句子及言语的交际意义。

5. 辨认语篇指示词语。

6. 通过衔接词理解文字各部分之间的意义关系。

7. 从支撑细节中理解主题。

8. 将信息图表化。

9. 确定文章语篇的主要观点或主要信息。

10. 总结文章的主要信息。

11. 培养基本的推理技巧。

12. 培养跳读技巧。

(三)外语阅读教学的目标

1. 义务教育阶段与高中阶段外语阅读教学的目标

根据《全日制义务教育普通高级中学外语课程标准(实验稿)》所颁布

的内容标准,从小学到高中的外语阅读教学目标共分为九个级别,具体如下:

一级目标:

(1)能看图识字。

(2)能在指认物体的前提下认读所学词语。

(3)能在图片的帮助下读懂简单的小故事。

(4)能正确书写字母和单词。

二级目标:

(1)能认读所学词语。

(2)能根据拼读的规律,读出简单的单词。

(3)能读懂教材中简短的要求或指令。

(4)能看懂贺卡等所表达的简单信息。

(5)能借助图片读懂简单的故事或小短文,并养成按意群阅读的习惯。

(6)能正确朗读所学故事或短文。

三级目标:

(1)能正确朗读课文。

(2)能理解简短的书面指令,并根据要求进行学习活动。

(3)能读懂简单故事和短文并抓住大意。

(4)能初步使用简单的工具书。

(5)除教材外,课外阅读量应累计达到 4 万词以上。

四级目标:

(1)能连贯、流畅地朗读课文。

(2)能读懂说明文等应用文体的材料。

(3)能从简单的文章中找出有关信息,理解大意。

(4)能根据上下文猜测生词的意思。

(5)能理解并解释图表提供的信息。

(6)能理解简易读物中的事件发生顺序和人物行为。

(7)能读懂简单的个人信件。

(8)能使用英汉词典等工具书帮助阅读理解。

(9)除教材外,课外阅读量应累计达到 10 万词以上。

五级目标:

（1）能根据上下文和构词法推断、理解生词的含义。

（2）能理解段落中各句子之间的逻辑关系。

（3）能找出文章中的主题，理解故事的情节，预测故事情节的发展和可能的结局。

（4）能读懂常见体裁的阅读材料。

（5）能根据不同的阅读目的运用简单的阅读策略获取信息。

（6）能利用字典等工具书进行学习。

（7）除教材外，课外阅读量应累计达到15万词以上。

六级目标：

（1）能从一般文字资料中获取主要信息和观点。

（2）能利用上下文和句子结构猜测词义。

（3）能根据上下文线索推理、预测故事情节的发展。

（4）能根据阅读目的确定不同阅读策略。

（4）能通过不同信息渠道查找所需信息。

（6）除教材外，课外阅读量应累计达到20万词以上。

七级目标：

（1）能从文章中获取主要信息并能摘录要点。

（2）能理解文章主旨、作者意图。

（3）能提取、筛选和重新组织简单文章中的信息。

（4）能利用上下文的线索帮助理解。

（5）能理解和欣赏一些简单的经典外语诗歌。

（6）除教材外，课外阅读量应累计达到30万词以上。

八级目标：

（1）能理解阅读材料中不同的观点或态度。

（2）能识别不同文体的特征。

（3）能通过分析句子结构理解难句和长句。

（4）能在教师的帮助下欣赏浅显的文学作品。

（5）能根据学习任务的需要从电子读物或网络中获取信息并进行加工处理。

（6）除教材外，课外阅读量应累计达到36万词以上。

九级目标：

（1）能阅读一般的英文报刊,从中获取主要信息。

（2）阅读一般英文原著,抓住主要情节,理解主要人物。

（3）能读懂各种商品的说明书等非专业技术性的资料。

（4）能根据情景及上下文猜测不熟悉的语言现象。

（5）能使用多种参考资料和工具书解决较复杂的语言疑难。

（6）有广泛的阅读兴趣及良好的阅读习惯。

（7）能有效地利用网络等媒体获取和处理信息。

2.大学阶段外语阅读教学的目标《外语课程教学要求》针对大学阅读教学目标划分了三个层次:一般要求;较高要求;更高要求。

六、现代外语阅读教学实践

（一）"任务型"阅读教学实践

该阅读教学实践中,常规教学先行。通过复习让学生带着文化冲突的困惑进入阅读课堂,紧接着通过不断深入的阅读理解让他们对于跨文化交际有了充分的认识,之后自然过渡到文化礼仪体验活动,真正贯彻了教学资源整合与任务型教学理念。此外,该阅读教学实践突出地体现了各种资源、教学元素与教学方法、教育方式与教学环节的有机结合与自然融合。

（二）"学案导学、先学后教"阅读教学实践

分析:该阅读教学实践从课前预习(先学)、课堂教学实施(后教)到课后拓展三方面,呈现了自主学习环节、后教环节、拓展环节。

（1）在先学环节中,以学案为载体,以导学为方法,这样的导学把教学内容的思路与学生的学习思路很好地结合起来,有助于提高学生学习的信心。学生在有限的课堂时间参与交流合作、共享成果,能从"学会"到"会学"逐步转变。

（2）在后教环节,与传统的"满堂灌"的教学模式不同,师生边教边学,真正体现了"先学后教"的新理念,以学生先学为基础进行有针对性的教学。

（3）在拓展环节,设计了与阅读文章相关的任务型阅读和写作的活动,真正达到了拓展的效果。

（三）"小组合作"阅读教学实践

该阅读教学实践主要采用了启发式教学法。在阅读前,要求学生以小组为单位,并让他们以表演的方式把课文的故事情节展现出来。小组讨论锻炼了学生的阅读能力以及口语表达能力。在阅读中,教学根据语境来对

词汇与语法进行详细讲解,并配以练习。在阅读后,设计了完形填空和写作等活动进行拓展。这样的教学模式不仅很好地发挥了教师的主导作用,同时也充分体现了学生的主体地位,激发了学生的学习兴趣,调动了学生的学习积极性。

第三节　外语网络教学理论与实践

随着计算机技术以及网络科技的快速发展,教育信息技术也随之发生了变革,网络教学作为新型的教育模式在外语教学中得到了广泛的应用。这一新型教学模式在一定程度上弥补了传统的以教师授课为主的单一教学模式的不足,更加注重学生在教学中的主体作用,外语教学朝着个性化以及自主式学习的方向发展。

一、现代外语网络教学理论

(一)计算机网络的定义

计算机网络是通过通信线路和设备,将分处在不同地理位置的、具有相互独立功能的多个计算机系统连接起来,并按照一定的网络协议互相通信,从而实现资源共享的计算机互联网系统。

(二)计算机网络的功能

计算机网络的功能主要有三个:数据通信功能、资料共享功能和分布处理功能。

1. 数据通信

数据通信是计算机网络最基本、最重要的功能。它能够快速传送计算机与终端以及计算机之间的文字、图片资料、报纸版面等各种信息。利用这一功能,人们就能将分散在各个地区的计算机网络连接起来,进行统一的调配、控制和管理。

2. 资源共享

这里的"资源"是指计算机网络中所有的信息以及计算机中的软件和硬件。资源共享即指,网络中的所有用户都能看到、查到、利用这些资源。

3. 分布处理

分布处理表现在,当某台计算机正在处理某个任务或负担过重的时候,网络能够将新任务分配给空闲的或负担较轻的计算机来处理,这样就能均衡各计算机的负担,同时提高任务处理的效率。

二、网络辅助外语教学的特点

(一)教学目标多元化

学习外语的学生之间总是存在各式各样的差异,或学习风格不同,或学习方法不同等。这就意味着外语教学在面对不同学生的时候必须有所差异,从而实现多层次的教学目标。而网络辅助外语教学恰好可以实现这一点。

(二)教学管理便利化

从教学管理方面来看,网络辅助外语教学能够使更多的学生受到优秀教师的辅导。在传统外语教学中,优秀教师即使全天候地教学,他们接触到的学生人数也十分有限;但若将他们的教案、教学视频等上传至网络上,就能够使更多的师生受益。这样既缓解了师资短缺的矛盾,又充分发挥了优秀教师的潜力和作用。

(三)教学过程交互化

网络辅助外语教学过程具有交互性,包括师生交互、生生交互和人机交互。利用计算机网络开展外语教学有助于为学生创造一个真实的语言环境。这样,学生不但可以及时得到反馈信息,提高学习效率,还能在与其他人进行网络交流的过程中提高学习兴趣和学习效果。

(四)教学方式先进化

网络辅助外语教学强调学生的主体地位,认为学生是知识意义的主动建构者。教师只对学生知识意义的建构起组织、调控、评价等作用,而不能取代学生的位置霸占课堂。这与现代教育观念是一致的。外语网络教学还能为学生学习外语提供大量的言语符号信息和真实的情景画面,这不仅有利于培养学生的形象思维,也有利于培养他们的抽象思维,激发学生的学习兴趣。

三、外语网络教学存在的问题及对策

(一)外语网络教学存在的问题部分师生对网络教学不适应

在我国,不同地区的教育发展水平存在差异,有些地区较为贫困,计算机的使用尚未普及,计算机对于这些学生来说还很陌生,在日常学习中也很少使用电脑。那么,网络教学在这一部分学生中很难进行,他们往往因为网络学习难度大,对网络教学产生抵触心理。

1. 学生自主学习能力不足

自主学习是指以学生作为学习的主体,通过学生独立的分析、思考、探索、解疑等方法实现学习目标。学生长期以来接受的都是以"教师为中心"的教学模式,他们习惯了跟着老师的思维走,对自主学习不适应。

下面我们就导致学生自主学习能力不足的三个因素分别进行论述。

(1)学习动机

我国大学外语教育存在应试倾向,学生学习外语的目的往往是为了考取大学英语四级、六级证书或是专业四级、专业八级证书。为了通过这些考试,学生不得不将大量的精力投入到应试的强化训练中,并选择性的学习与考试相关的内容,对于综合性的、系统化的外语学习他们根本无暇顾及。在考试中取得好成绩成了学生学习外语的主要动机。这种动机虽然在短期内可以激励学生学习外语的积极性,但学生很容易忽略长远的学习兴趣的培养。

(2)传统教学模式

我国传统教学模式注重教师在教学中的中心地位。教师是知识的传授者,学生是被动的接受者,学生学习外语的过程实际就是对教师所讲授知识的记忆过程。在这种教育模式下,学生往往过于依赖教师的教学引导,遇到问题也习惯性地寻求教师的帮助。这样的教学模式抑制了学生学习的积极性,不利于学生自主学习能力的培养。

(3)学生自控能力

教师的职责除了向学生传授知识,还有及时地对学生的学习过程进行监督。同样,学生也已经习惯了在教师的监督下学习。那么,学生一旦离开了教师的监督,往往就会表现出注意力不集中、自由散漫的状态。因此,学生的学习效率以及学习效果也大打折扣。这些都是学生缺乏自控能力造成的。

2. 校园网络建设质量低

目前,我国高校的内部网络建设普遍存在质量低的现象,主要原因是过分追求网络技术方面的先进性。由于现在高校的网络建设成为教育评估的一项重要指标,很多高校一哄而上,投入大量的资金和人员建设校园网站,开发网络课件。同时,高校为了吸引学生点击网页,设置了大量华而无实网络功能吸引学生的眼球,结果本末倒置,校园网络没有为学生的学习提供实质的帮助。

3.外语网络教学手段落后

目前,我国在网络教学软件开发、语料库建设以及教育教学设计方面的人才较为欠缺,尤其是在外语网络教学领域,既懂得外语教学又懂得网络软件设计的人员数量很少。这造成了高校网络教学系统缺乏适合外语教学的软件,现有的外语教学软件质量低、不适用等现象。

(二)外语网络教学问题对策

1.网络教学与传统教学相结合

网络教学是信息与技术发展的必然产物,它为外语教学创造了更为有利的语言环境,在很大程度上弥补了传统教学的不足,但是仅依靠网络教学而完全舍弃传统教学的做法也是不可取的。传统教学有着网络教学无法比拟的优势,两者应互相结合、取长补短,才能达到最佳的教学效果。

与传统教学相比,网络教学缺乏教师与学生之间面对面的交流,忽略了学生在学习过程中的情感因素,学生也无法得到来自于教师的人文关怀;在传统教学中,教师可以通过口头的表扬或是鼓励的微笑帮助学生树立学习的自信心,激发学生的学习积极性。同时,教师还可以及时地处理学生在学习过程中出现的情感问题。由此可见,只有将网络教学与传统教学有机地结合起来,才能达到最佳的教学效果。

2.重视教师培训

网络教学顺利开展的前提是教师必须掌握网络教学中的相关操作技术,可以利用网络技术功能进行科学合理的教学设计。对教师进行网络教学相关内容的培训十分必要,培训的内容可以涉及网络教学课件的制作、网络教学软件的使用、网络教学管理和评价等。只有重视教师的培训,增强教师使用网络教学的能力,各种网络教学才能发挥应有的作用。

3.改变教师教学态度

许多高校外语教师已经习惯了传统的教学模式,并且经过多年的教学经历,总结出了一套较为完善的教学方法,因此,这些教师面对较为陌生的网络教学普遍存在排斥心理,不愿意尝试网络教学这一新兴模式。可以通过培训帮助教师认识到网络教育的优势以及掌握网络教学对于自身教学能力提高的益处。

4.加强对学生自主学习的监控

目前,国内各个高校的外语网络教学使用普遍存在一个问题,那就是对于学生自主学习的监督和控制作用比较薄弱。学生运用网络系统学习时,完全自主选择想要学习的内容,自主安排学习的计划,这样一来,对学生的自控能力要求很高,然而大多数学生在缺乏外界监控的学习环境中很难保证学习的效率和质量。因此,加强对学生自主学习的监控很有必要。

5.加强对学生学习策略的指导

为了让学生在自主学习中知道学什么、怎么学,培养学生合理制定学习策略显得尤为重要。教师可以在课堂教学中采用展示、示范、训练、评估和扩展的方法传授学习策略,还可以指导学生定期对自己的学习进行评价和总结,并及时地调整学习方法,从而帮助学生掌握适合自己的学习策略。学生掌握学习策略对于其更好地管理自我学习有很大的帮助。

6.改善外语网络教学模式设计

整个设计活动要求团队成员之间分工明确,通力合作。成员之间的沟通交流是十分重要的。如果缺少技术上的互相交流,很有可能导致最终设计出来的教学模式过于注重语言教学,或是过于重视网络教学,或是过于重视网络技术功能,而无法达到预期效果。由此可见,一个优秀的分工明确的设计团队是建设成功的外语网络教学模式的必要前提。

四、现代外语网络教学实践

1.网络外语阅读教学实践

从激活学生先前知识、阅读交互、阅读策略培养、阅读评价等几个方面展示了网络环境下外语阅读教学的设计。在将网络运用于教学时不仅关注课程内容,还充分体现了网络的优势,充分发挥了学生的主体作用。采用类似于协作式学习、问题解决学习、基于资源的学习等多种教学方法,在学生了解了互联网便利的同时,更好地学习了词汇,学习阅读理解的策略,对提高学生的阅读理解能力十分有利。

2.网络外语口语教学实践

网络外语口语学习环境提供了真实的语言环境和丰富的语言材料,通过利用网络的便捷功能来展开口语教学活动,无论是对学生的学习还是教师的教学都大有帮助。具体而言,网络提供的相关词汇、音频对话、网络资源和求知面试的视频片段以及一些诸如在线词典等辅助外语学习的工具,可供学生在该节口语课前进行预习、课后进行复习、练习和补充学习之用。此外,学习指导可帮助学生解决可能遇到的问题,从而培养其学习策略。教师可利用相关视频软件展开网络教学互动,进行文字聊天或视频语音交流等。总之,在网络环境下开展外语口语教学,对学生外语口语水平的提高极为有利。

第四节　外语文化教学理论与实践

语言是文化的重要组成部分,同时语言是文化的重要载体,外语学习也离不开文化教学,二者是相辅相成的。现已实行的基础教育阶段外语课程标准已明确把教学目标由原课程大纲中规定的语言技能加语言知识两大要素,扩充为语言技能、语言知识、情感态度、学习策略和文化意识等五大具体要素。

一、现代外语文化教学的意义

语言是文化的载体,是反映民族文化的一面镜子,而文化则影响并制约着语言和语言的使用。因此,文化教学是外语教学必不可少的重要组成部分。

外语教学中的文化教学不仅包括与人们交际或与外语教学有关的文化知识的传授,还包括研究两种语言文化的相同之处与不同之处。通过培养学生对文化差异的较高层次的敏感性,来提升他们的交际能力,从而实现语言教学的最终目的。具体来说,文化教学具有以下几个方面的意义。

(一)外语教学改革的需要

很长一段时间以来,我国的外语教学只注重语言知识和语法形式,对文化知识对交际的影响没有给予足够的重视。然而,随着教学的不断发展,人们开始逐渐意识到学习外语不仅是掌握语言的过程,同时也是接触和认识另一种文化的过程,新课程教学改革在全国各地展开。在学习外语的过程中加入文化教学不仅有利于调动学生的学习积极性、加强学生的外语语言基本功的训练,还有助于拓展学习者的思维方式,帮助他们从不同的角度来观察和认识世界,从而使外语教学改革朝着更加科学合理的方向前进。

（二）素质教育的必然要求

经济、技术、信息的交往以及商品、资本、人员的流动使世界各国的文化突破特定的地域环境和社会语境,融入全球性互动的文化网络中,多元文化已成为文化的基本格局。在这样的时代背景下,文化素质的培养毫无疑问地成为素质教育的重要内容。

（三）语言教学的重要组成部分

我国传统的外语教学一直把词汇、语法当作教学的重点,采取以教师为中心的教学方法,以教师向学生灌输外语知识、学生课后通过练习进行巩固为基本教学模式。然而,实践证明单纯的语言习得并不能满足实际交际的需要。学生在交际过程中不是缺乏必要的语言知识,而是不懂得怎么表达,也不明白表达时应注意什么问题。造成这种现象的根本原因在于我国的外语教学没有把文化教学纳入其中。文化教学的缺失使语言学习失去了文化根基。因此,没有文化教学的语言教学是不完整的,文化教学是语言教学不可或缺的一部分。

二、现代外语文化教学的内容

我们在文化学习过程中需要不断研讨的问题包括:文化学习涵盖的内容有哪些? 是否要侧重学习某国的文化? 所学的文化知识是否应该与语言知识紧密相关? 从这个角度来说,明确文化学习的具体内容是学好西方文化的重要前提。

有关文化学习的具体内容,下面选取其中的一部分来进行详细说明。

（一）语言文化

1.挖掘词和短语的文化内涵

在特定文化背景下,不同的词汇和短语可以激发人们的不同联想。

人们会因为国家、民族,甚至地区的不同而对某些字的理解、好恶产生差异。据调查,日本人最喜欢的汉字是"诚"字,中国人最喜欢的汉字则是"福"字。

2.了解谚语的深层含义

谚语是一个民族长期以来文化智慧的积累和经验的沉淀。外语中有许多谚语阐释了生动的真理,反映了西方文化的价值观念和行为准则。学习谚语能帮助我们更加透彻地了解西方文化的精髓。

3.注意有典故的词汇和短语

外语中有许多具有文化内涵的词,它们的形成与广泛使用有赖于一些众所周知的文学形象或历史事件,在汉语中我们称之为典故或成语。如我们用"鸿门宴"这个词暗指用心险恶的布局,以使人落入事先安排好的陷阱。外语中有很多有典故的词汇和短语,如 Cinderella(灰姑娘)。Pandora's box(潘多拉的盒子)也是我们熟知的一个习语。

(二)非言语交际

非言语交际(non-verbal communication)是文化学习的一项重要内容。来自于不同文化的人,由于语言不通在交际过程中,非言语交际信息往往会起到很重要的作用。非言语交际并不仅仅局限于手势、表情等,还包括不同文化对时间、空间、色彩的不同看法以及在听觉、嗅觉、视觉、触觉等感官方面的不同感知特点。下面介绍其中的三种。

1.体态语

体态语泛指能传递交际信息的一切表情和动作。由于不同文化传承的不同动作习惯,学习者要加以注意并用心领会,体态语的熟练掌握能帮助我们成功地进行跨文化交际。

2.副语言

说话时的音高、语调、音质等都属于"副语言"。所谓"副语言",就是指伴随话语发生或对话语有影响的有声现象。喊、叫、哭、笑、叹气、咳嗽、沉默等也可以看作是这一范畴。"副语言"在交际过程中代表着一定的含义。

学习掌握这些语言之外的副语言现象能更好地理解说话者的意图。

3.环境语

环境语是指文化本身所造成的生理和心理环境,包括时间、空间、颜色、声音、信号和建筑等,这些环境因素都可提供交际信息,所以环境语也可展示文化特性。

(三)物质文化

(1)餐饮礼仪。国际上最主要的宴请方式有四种:招待会、茶会、工作进餐和宴会。不论参加的是什么宴会,请柬的下角都会注明客人该穿的装束。在较隆重的社交场合,欧美人士主张男士们都穿一样的装束,如颜色相近的整套深色西装或黑礼服。

(2)西方节日文化。西方的节日和中国节日一样丰富多彩,通过学习这些节日文化,可以对西方的宗教和历史有更为深刻的认识。

（3）西方禁忌文化。所谓禁忌,就是那些因传统习惯或社会风俗等原因应避免使用的词语或忌讳的行为。在文化教学中不得不掌握一些禁忌文化,因为由于不了解一些禁忌很可能会给自己或对方带来一些不必要的误会或不快。

为了保证顺利交流,在文化交际中避免触及对方所忌讳的语言和行为,需要我们在学习中注重积累。

（四）制度文化

1.西方文化的社会习俗

不同的文化背景有不同的语言习惯和行为方式,这要求学习者在学习过程中要对目的语文化中人们的一些行为方式有所了解。

对于社会习俗的学习,最好的方法是身临其境地感受西方人待人接物的方式。如果没有这种条件,可以通过观赏英文的影视剧来学习西方的社会习俗,这些直观地对西方人生活、学习、工作、娱乐等方面的多角度描绘为我们提供了学习资料。

2.日常交际礼仪

在日常生活中,中国的礼节与西方的礼节有很大差别。如果你想同西方人和谐相处,了解西方的礼节是非常重要的。以问候语为例,外语的表达很宽泛、不具体;而汉语往往就事论事且明知故问,问话人并不在乎听话人回答的内容如何,也不期待回答,而只是问候而已。

三、现代外语文化教学的目标

文化教学以培养学生的文化意识为主要目的,而文化意识又有等级之分。因此,在不同的教育阶段文化教学目标也有所不同。胡文仲、高一虹指出,对于我国国内的广大学生而言,外语教育的目的不仅仅是工具性的,也不仅仅是为了学会应付生存的交际技能,更不是为了将中国学生变成西方人,而是从总体上提高学生的社会文化能力。胡文仲、高一虹把外语教学的目的分为微观和宏观两个层面。

（1）微观层面。这一层面上外语教学的目的是交际能力。

（2）宏观层面。这一层面上外语教育的目标是社会文化能力。

为了具体阐明文化教学与学生人格之间的关系,高一虹在《语言文化差异的认识与超越》中进一步指出,培养学生的跨文化交际能力应该以人的建设为根本,以人格的基本取向为目标,即文化教学重要的是将跨文化能力与人的素质培养这一整体教育目标有机地结合起来。

张伊娜在《外语教育中跨文化教学的重点及其内涵》中也阐述过与高一虹相类似的观点。张伊娜认为,工具观的文化教学重点主要在于扫除那些语言理解困难的文化障碍,而忽略了对形成价值观念取向影响至深的文化命题。

除了强调文化教学与培养学生人格、价值观的关系外,学者们还指出应培养学生在真实交际中、在理解和运用基础上的创新能力。陈申在《外语教育中的文化教学》中提出,文化教学的目标应该是培养学生的文化创造力。他认为文化创造力是指外语学习者在跨文化交际的实践中,通过掌握、运用外国语言文化知识,并与本国文化相互作用而产生的一种创新能力。文化创造力是学生的一种能动性,一种主动从外国文化的源泉中摄取新东西的能力。

综观我国学者对文化教学目标的界定,可以看出学者们已达成以下共识:外语教学中的文化教学不是除了听、说、读、写、译等技巧以外可有可无的另一种技巧,而是对语言学习有着重要影响的学习内容。同时,学者们以广阔的社会为着眼点把文化教学与学生综合塑造的提高结合起来,认为文化教学的目的绝不仅仅是帮助学生掌握一门外语,更重要的是帮助学生形成正确的世界观和人生观,使学生适应世界的发展。

《外语课程标准》中将教学目标分为二级、五级、七级和八级四个阶段的教学目标。这些教学的目标不仅要求学习的内容逐步拓宽,而且对文化理解的要求也逐步提高。

外语教学最终目标总结为:增强学生对外语文化和母语文化差异的认识,丰富学生外语学习的经历,帮助学生突破母语特定文化交际的模式和范围,从而培养学生对外语文化规约的认同和尊重的态度,帮助学生在交际中实现从适应、过渡到跨越,进而实现超越的跨文化交际过程。

四、现代外语文化教学实践

(一)角色扮演教学实践

模拟教材内容中的某些场景,让学生以文章中的身份参与角色表演或模拟表演。这种教学方法可以使学生通过观察和体验剧幕情景,亲身经历文化休克、困惑和尴尬等一系列情景,寻找造成交际障碍和文化冲突的原因。

角色扮演的内容有以下几个方面：

（1）第一部分是介绍，首先介绍角色扮演的目的是让学生练习使用某一策略，鼓励他们尝试新的活动，然后是向学生介绍角色扮演发生的情景。

（2）教师给参与的学生提供背景知识，让他们有足够的时间做准备工作。参与的学生既可以是老师指定，也可以是学生自荐。

（3）分配任务。教师让参与的学生开始准备，教师可以适当指导并让观看的学生协助布置表演场地。

（4）表演过程中教师要做好记录，记录下表演者说的要点，以便表演结束后开展讨论。

（5）表演结束后，请其余观看的学生们思考，在相似的情景中有没有其他解决问题的方法。

（6）请学生们回答一系列的问题，让学生们找出角色扮演中出现的问题并试着给出其他策略。

角色扮演的戏剧活动在文化教学中有很多优势，概括起来主要有以下几个方面。

（1）使参与的学生在人际交往的场景中能够清楚地了解相关技能，以及适当的和不适当的行为所产生的影响。

（2）教师可以适时地提醒表演小组的适当和不适当行为。

（3）让学生有机会在真实的场景中模拟各种各样的场景，让学生尝试使用并巩固新技能。

（4）让所有爱表演的学生有机会尝试另一个角色，充分调动了学生的学习兴趣。

角色扮演是文化教学的一个重要形式。在文化教学中，角色扮演可以使学生身临其境的接触到相应的文化，增强其对文化的理解和感知。在文化教学中的角色扮演教学实践具有绝对的优势。

（二）图片展示文化教学实践

该教学实践以培养学生的文化语言输出能力和跨文化交际能力为导向，遵循中西文化双中心原则，从多维度灵活设计文化教学，使文化教学不再死板，同时也极大地突出了学生的主体地位，充分调动了学生的积极性、主动性，锻炼了他们搜集信息、发现差异、分析问题的能力，最终使学生深刻认识到中西方时间、行为观念上的差异,这必将有助于他们日常的外语语言学习,有助于切实提高他们的跨文化交际能力。

(三)体验式文化教学实践

1.感受异国家庭生活

这一教学实践旨在让学生通过比较异国文化和本国文化中某些生活场景的异同并总结,有助于学生深刻体会并领悟中西方文化的不同之处,从而扩展自己的文化知识,完善自己的世界文化价值观念。

2.采访外国人

采访外国人的活动可以使学生了解在不同的文化背景下对某些事物的看法和态度。

(四)对比式文化教学实践

1.参观美国学校

可以总结中美两国教育体制的优缺点。教师应提醒学生不要轻易下结论说某一种教育体制优于另一种教育体制。在此教学实践中,学生通过参观西方国家的教育体系可以了解外语学习的特点并能够就我国的教育体系与外国进行比较,这样更加有利于学生了解西方国家的教育文化。

2.常用语对比

外语习语反映了一定的文化知识,因此通过对比常用语或者习语就可以了解中西方文化的差异。

该教学实践通过学生熟悉的习语将学生引入文化学习中,有利于吸引激发学生的兴趣,吸引其注意力。这些常用习语受文化的影响,反映了不同文化下的思维方式和价值观,它们不仅有助于学生学习外国文化,还对培养学生的世界文化意识有很大的帮助。

(五)同化法教学实践

该教学实践通过让学生了解英美人士日常生活情景中的言语行为方式,使他们意识到人们的行为无时无刻不受到文化的影响和熏陶。学生通过熟悉外语词汇内涵和外延中所包括的文化含义与内容,了解西方社会背景下的人们的语言特征,能合理地避免交际过程中的文化矛盾和障碍,从而提高自己的跨文化交际能力。

参 考 文 献

[1] 马丁·海德格尔,孙周兴译.在通向语言的途中[M].北京:商务印书馆,2007.

[2] 高永奇.第二语言习得[M].苏州:苏州大学出版社,2014.

[3] 马丁·海德格尔,陈嘉映,王庆节合译.存在与时间[M].北京:生活·读书·新知三联书店,2006.

[4] 赵杨.第二语言习得[M].北京:外语教学与研究出版社,2015.

[5] 林立,杨传纬.英语学科教育学[M].北京:首都师范大学出版社,2011.

[6] 王培光.语感与语言能力[M].北京:北京大学出版社,2005.

[7] 刘放桐.现代西方哲学[M].北京:人民出版社,2009.

[8] 文秋芳,俞洪亮,周维杰.应用语言学研究方法与论文写作[M].北京:外语教学与研究出版社,2004.

[9] 刘利民.首都外语论坛[M].北京:中央编译出版社,2006.

[10] 袁芳远.基于课堂的第二语言习得研究[M].北京:商务印书馆,2016.

[11] 刘润清,戴曼纯.中国高校外语教学改革——现状与发展策略研究[M].北京:外语教学与研究出版社,2013.

[12] 王建勤.第二语言习得研究[M].北京:商务印书馆,2009.

[13] 丁氏红秋.越南学生汉语词汇学习研究[D].华中师范大学,2013.

[14] Thea Sairine Wong(张赛英).印尼学生习得汉语"有"和"在"的偏误分析[D].福建师范大学,2012.

[15] 沈茜.目的语环境下CAL、CFL学生混班教学模式在儿童汉语习得中的应用[D].华东师范大学,2012.

[16] 李鸿燕.克拉申语言监控模式的分析与检验[D].华中师范大

学,2012.

[17] 吴文.英语教学生态模式研究[D].西南大学,2012.

[18] 陈瑞.基于二语习得理论的多媒体辅助英语听力教学研究[D].西北民族大学,2012.

[19] 刘超. Language Transfer in English Major's Second Language (French) Acquisition[D].黑龙江大学,2012.

[20] 李菡幽.基于学习策略的汉语作为第二语言语法偏误研究[D].福建师范大学,2011.

[21] 王晓慧.初级汉语学习者产出性词汇分析[D].上海师范大学,2010.

[22] 王全义.语言输入理论研究与对外汉语教学[D].四川大学,2007.

[23] 吴勇毅.不同环境下的外国人汉语学习策略研究[D].上海师范大学,2007.

[24] 李遐.新疆维吾尔族学生汉语介词学习研究[D].华东师范大学,2006.

[25] 施家炜.国内汉语第二语言习得研究二十年[J].语言教学与研究,2006,(01):15-26.

[26] 戴炜栋,周大军.中国的二语习得研究:回顾、现状与前瞻[J].外国语(上海外国语大学学报),2005,(06):62-70.

[27] 郭娟.中学生英语中介语特征——英语定语从句习得的实证研究[D].首都师范大学,2004.